アメリカの黒人保守思想

反オバマの黒人共和党勢力

上坂 昇

明石書店

はじめに

オバマ大統領のまさかの二期目が始まった二〇一三年は、アメリカの黒人問題を考えるうえで最適な年ではないかと思いついた。オバマはおそらく歴史に残る業績をあげようとしている。手本としているのがリンカン大統領で、その憧れの大統領が奴隷解放宣言を発表してから一五〇年になる。さらに、キング牧師が首都ワシントンのリンカン記念堂前で、歴史に残る「私には夢がある」演説を行ったのが五〇年前である。オバマの就任演説とキングの祝日が重なるというおめでたいハプニングまで重なった。

アメリカはリーマン・ショック後の政治・経済の混乱が収まりつつある。二〇一二年、オバマは再選されたとはいえ僅差の勝利であり、議会は、上院はなんとか過半数を維持したとはいえ、下院では共和党の支配を覆すことはできなかった。各分野におけるオバマ政権一期目の評価がいろいろと出されたが、一番危惧を感じているのは、オバマに対する白人の人種偏見が最初に当選した当時よりも強くなっていることだ。共和党の反オバマ戦略が効果を上げている部分もあるだろうが、アメリカ合衆国大統領の座に黒人がいることに不快感をもつ白人がまだいるということかもしれない。民主党支持者の間でさえ、あからさまな差別感情をあらわさない人でも、深層心理を調べると黒人への偏見を秘めているという調査結果もある。また、医療保険制度改革には国民の半数以上がいまだに反対しているが、クリントン大統領（当時）によるものなら賛成するという、驚くべき調査さえあるのだ。

著者は四半世紀ほど前に『アメリカ黒人のジレンマ――「逆差別」という新しい人種関係』（明石書店）を出版し、白人の黒人に対する根強い偏見や黒人保守派などについて論じた。現代の黒人保守派に関する論考は、日本ではほとんどなかったと思う。その意味ではユニークな問題提起ができた。しかし当時、黒人大統領が誕生するなどとは夢にも考えていなかったので、そこからどんな問題が生じるかも想定外のことであった。今日では、黒人大統領の出現で脱人種差別の時代が来たと評価されているが、著者は、差別や偏見がかえって強くなったのではないか、と一般とは逆の考えをもつようになった。その一番の原因は、共和党がリベラルな大統領に抵抗するのはイデオロギー的に当然なのだが、オバマに対しては執拗な、非政治的な理由からも反対姿勢を示しているからだ。あからさまな人種差別的言辞を弄するようなことはそれほど多くはないが、オバマの政策に徹底的に反対し、議会が動かなくなってしまうことがよくある。他の民主党大統領に対してなら、ここまで反対しないだろうと思われることでも、心の奥底にある黒人大統領をなんとかして貶めてやるという共和党保守派の執念のようなものを感じざるをえない。

もう一つ奇妙に感じているのは、黒人大統領の誕生が黒人保守派の台頭を確かな運動に変質させつつあることである。四半世紀前に拙著で描いた黒人保守派は、ごく少数の例外的存在としての黒人学者や政治家だったが、今日では小粒ながら一つの政治勢力になっているといえる。奴隷解放運動の時代から、黒人指導者の間に黒人のあり方についていろいろなイデオロギー的な違いがあり、それが今日まで形を変えて継続しているのだが、その違いが、オバマの大統領当選でいっそう鮮明になっている。とりわけ、黒人がけっして一枚岩でないことを示している。共和党の白人保守派よりさらに右に位置するような立場でオバマを批判する黒人さえ出てきた。まだ少数派であるとはいえ、伝統的な公民権運動とは異なる思想体系が少しずつ形成されつつあるのは興味深い。

奴隷解放のリンカン大統領、リンカンの共和党、黒人の共和党員という流れはわかりやすいのだが、現代では九〇％の黒人が民主党支持である。民主党はそもそも奴隷制度のもとで黒人を家畜のように扱った白人の党である。それだけに、再び黒人の共和党がゆるやかながら復活して注目を集めていることは、歴史が極端に、しかも短期間に変わることを示しているに違いない。黒人保守派の現代的意味を探ってみると、民主党・共和党の二大政党の勢力争いや人種問題の背景も見えてくるのではないか。

黒人保守思想の原点で、いまだにカリスマ的存在として影響力をもっているのがブッカー・T・ワシントンである。奴隷から解放されて独学で勉強し教育者となり、黒人差別や黒人リンチの激しい南部で白人有力者と親交を結び、ついには何人かの大統領の有力なアドバイザー的存在となっていった。現代においても、黒人保守派の理論家、活動家は健在で、黒人大統領の誕生により、黒人共和党員が政界に進出する傾向も顕著になった。「アンクル・トム」（人種的裏切者）という汚名をこうむりながらも、政府の福祉政策に依存しない自助・自立の道を歩む黒人保守派の実態を検証してみたい。奴隷制時代に遡って保守派の主張を整理しながら、今後の黒人社会の発展のためにどれだけ有効なのかを考えてみたい。

今日の共和党支持の黒人保守派も民主党支持の黒人も、黒人大統領の誕生を誇りに思っていることでは共通している。黒人保守派は自信をもち、より多くの者が議会進出に挑戦するきっかけとなった。従来の公民権運動支持の黒人は、ブラザーが国のトップになったので、黒人に対する施策を十分に考慮してくれると期待した。しかし、両者とも不満をもつようになった。黒人保守派は、オバマが黒人に自助努力を求めている点では共通しているが、奴隷制時代のプランテーション経営者と同じで、本当の黒人の自由を実現していないという。黒人保守派の理論家によれば、最も重要なことは黒人が自らの足で立ち上がることなのに、公民権運動の成果と思われたものが自立の意欲を失わせ、黒人に負け犬意識を植え付けたと批判する。元民主党であった知識人の主張する黒人保守主義論は傾聴に値する。

共和党の白人保守派の人種差別主義も健在である。黒人は奴隷制時代のほうが幸せだったと暴言をはく。オバマを告訴あるいは弾劾する動きもあるその一方で、リベラルな黒人のなかから、アメリカは奴隷制に対する補償をすべきだという主張が強まってきた。この数年で奴隷制を描いた映画がいくつもヒットし、アカデミー賞を三部門で受賞する作品も出た。黒人大統領と奴隷制を結びつける空気が生まれているのかもしれない。人種をめぐって政治は確実に変わりつつある。人口動態によれば、共和党支持者の圧倒的多数を占める白人が二〇四〇年代には少数派になり、マイノリティの支持拡大は党にとって必要不可欠である。その意味で、黒人保守派の共和党員の役割を検討することは、アメリカの政治の方向を知るうえで重要である。

アメリカの黒人保守思想——反オバマの黒人共和党勢力◉目次

第3章 黒人保守派の活動家・理論家

第1章

歴史に見る黒人の保守思想の流れ

脱人種というけれど

四半世紀ほど前に黒人の現状を分析した本を書いた。その時の一番の問題意識は、中産階級の進展で黒人社会が全般的に向上しつつあるなかで、逆差別という新しい考え方が白人の側から出てきたことに驚いたことだ。歴史を見るなら、強者が弱者を差別する、つまり白人が黒人を差別することが問題であったはずが、これまでの加害者である白人が被害者である黒人に差別されているという、従来とは逆の差別現象が起こっているという主張である。そして、職場や大学での逆差別を原因とする訴訟が起こった。なんという歴史の皮肉なのだろうかと、他国のことながら深く考えさせられたものだ。

白人がかつての差別行為を再び黒人などのマイノリティ（少数派）に行うなら、歴史は繰り返すということわざが使われるのだろう。だが、この場合は舞台装置がかなり異なっている。白人と黒人の置かれた状況に変化をもたらそうとする白人が、法的な平等に加えて社会による優遇措置を受けた黒人の優位な立場に挑戦しようとするものである。その手段は、かつてのような暴力やリンチなどではなく、民主社会ではきわめて合法的で平和的な法的措置をとるのだ。過去の差別に対する償いも含まれた優遇措置がいつまで継続されなければならないか、いまだに最終的な決着はついていない。差別をめぐる強者と弱者の歴史は、単純な繰り返しではなく、巧妙な手段によって変化を遂げたような様相を見せている。問題の核心にある本質は、人種の違いに社会がいまだ対応できていないことだろう。

それから黒人社会には大きな変化が起こった。アメリカ史上これほどの大事件はないだろう、と多くの人が驚嘆した黒人大統領の出現である。多人種・多民族国家アメリカであるから、いずれは黒人大統領や女性大統領が選出されることは予想されていた。個人的には、白人女性が黒人よりも先だろうと予想していたが、見事にはずれた。黒人であれば共和党中道穏健派、たとえばコリン・パウエルのような男性なら当選の可能性があると思った。女性なら、ヒラリー・クリントンが民主党大統領候補になる可能性は高いと読んでいたが、本選挙では共和党候補に負けると予想していた。

バラク・オバマは黒人といっても、母は白人、父は奴隷の子孫ではなく外国人で、オバマ自身も公民権運動に参加した経験もなく、政治活動歴も浅く、政治家としてはあまりにも未熟である。黒人活動家は「黒人らしくない、十分に黒くない」と当初は批判的だった。選挙戦が進むにつれ、オバマの才能を見出した有権者はオバマの肌の色を超えて、救世主としてのオバマに期待して投票し、アメリカ史上初の黒人大統領を実現させた。黒人有権者の九〇％以上がオバマに投票した。

黒人にとってみれば、これほど大きな人種の誇りはないだろう。黒人の母親はこれでやっと、努力すれば黒人でも大統領になれるのだ、と子どもに語ることができるようになった。白人の心ある人は、黒人大統領の出現で、アメリカはついに人種差別のない民主的な国家になった、とこれまたアメリカの自浄作用、真正の民主主義の復元力に誇りを抱いたことだろう。脱人種社会の到来とまでいわれるようになった。アメリカの人種関係が表面上とはいえ、これほど急速な変化を遂げたことは、いまだかつてなかったといってよい。

脱人種とはいうけれども、人間の心は時代の変化についていけるほどの柔軟性や寛容性をもっているのだろうか。アメリカの指導者となったオバマは、ブッシュ前政権で崩壊寸前となっていた社会や経済の立て直しに、国民が一丸となって取り組むことを期待したが、共和党からはまったくといってよいほど協力がなかった。民主党と共和党の間には政策立案上の相違やイデオロギーの相違があるのは当然だが、経済立て直しの法案に野党が誰一人賛成票を投じないというのは異常な事態である。オバマは上下両院で多数議席をもっていたので、共和党の賛成ゼロでも法案成立はできるが、どうみてもおかしい。オバマが選挙運動中から、また就任演説でも強調したのは、政党の違いを超えて、人種や宗教やジェンダーの違いを超えてアメリカが一つになることだっただけに、選挙直後から議会ではアメリカが真っ二つに割れてしまったことが残念でならない。見えないところで、何かが変質しているに違いない。

黒人大統領が選出されて脱人種社会の到来というのは、理屈ではそのとおりだが、実態とはあまりにもかけはなれている。また二〇一〇年中間選挙で下院での多数議席を奪った共和党は、財政問題をはじめとする重要政策でオバマを徹底的に攻撃した。民主党のクリントン政権一期目の最初の中間選挙でも、民主党は大敗している。共和党保守派が議会の指導力を握ってクリントンを攻撃し、予算案をめぐる対立で政府機能が一時ストップしたのは記憶に新しい。しかし、オバマの時はこれとは質が異なっている。オバマがアメリカ生まれではないので大統領当選は無効であるという運動、オバマはイスラム教徒であるといった主張など、高度な市民社会では考えられないような誹謗中傷が国の最高指導者に対して継続して行われているのだ。政策やイデオロギーの対立を超えた異次元の何かを感じる。

オバマに対抗する黒人保守派

多くの黒人にとってオバマ大統領は大いなる誇りであることは間違いない。とはいえ、黒人は一枚岩ではない。九割以上の黒人有権者がオバマを支持したが、従来から共和党支持者も少数ながらいる。ほとんどの黒人は、忠実な民主党支持者として政治的立場を鮮明にしてきたが、歴史を振り返れば、共和党の黒人連邦議員も珍しくはない。主要メディアでもあまり取り上げられなかったが、オバマの大統領当選が共和党を目指す黒人に刺激を与えているようなのだ。二〇一〇年の中間選挙には、三〇人以上の黒人が共和党の予備選挙に出馬した。これは南北戦争後に南部で多くの黒人が政界に進出した特殊な時期以降では初めてのことである。最終的には当選者は二人であったが、自分と同じ人種の大統領を誹謗中傷してはばからない保守派が中心的支持勢力となっている政党から出馬するのはなぜなのだろうか。民主党から出馬して当選する黒人候補は、その多くが黒人有権者の多い選挙区が地元である。共和党から出馬する黒人は、そもそも黒人の共和党支持者がきわめて少ないので、白人有権者の票を獲得しなければならない。多くの候補者が予備選挙で敗退するのは当然である。しかし、同じ黒人であっても、共和党の保守思想をもち、白人の支持を得て当選する黒人と、マイノリティや貧困層を支持母体とする民主党から出馬する黒人との間には、相当な思想的相違があるに違いない。

歴史的に見れば、奴隷制時代からそのような違いがあったといってよいだろう。保守的な考えをもつ黒人は、アンクル・トムとか裏切り者と批判されることが多い。奴隷解放後に最も成功した黒人の一人であるブッカー・T・ワシントンも、そうした批判を受けていた。ワシントンと比較されるのが、奴隷解放を指導した元奴隷のフレデリック・ダグラスである。保守とかリベラルという色分けを超えた存在であるので、リンカン大統領の黒人奴隷観に影響を与えた存在として無視できない。さらに、近代における公民権運動の思想体系の形成に貢献したW・

E・デュボイスがいるが、政府との関係が前者の二人と異なるので、ここではふれないことにする。

なぜいま黒人の保守思想が注目に値するのかといえば、オバマはけっして保守的ではないが、従来の公民権運動指導者とは異なり、黒人の自立や自己責任を強く求めていること、つまり保守派の根本理念を受け入れていることがある。また、オバマあるいは民主党の大きい政府の考え方全般に対して、その影響力はともかく自助・自立を強く信念としてもつ黒人の発言が目立ってきたこと、共和党の議会選挙のみならず大統領予備選挙にまで黒人企業家が登場し善戦したこと、マイノリティの優遇措置を廃止する運動に黒人保守派がかかわっていることなど、従来の黒人観では理解できないことが多く出現している。学者、政治家などの賛同者も声を上げている。これに対して、民主党内では黒人議員から、オバマが黒人大統領として黒人に対する政策を十分に行っていないと批判が出ている。黒人大統領の出現は黒人にとって誇りであるが、黒人が誇りをもって生きていくには、民主党のいうことに従っていればよいのかと疑問に思う黒人が増えたのかもしれない。黒人の生活がいっこうに向上しないのは民主党のせいであるとする黒人保守派が、どこまで問題解決の可能性をもっているのかは未知数である。著名な黒人保守派の主張を概観しながら、黒人の思想的流れを分析してみたい。

アンクル・トムという汚名

「アンクル・トム」とは本来、一九世紀にハリエット・ビーチャー・ストウの長編小説『アンクル・トムの小屋』（一八五二年発行）に登場する黒人奴隷トムのことだが、白人の主人に忠実で従順のあまり、残酷な主人にいじめ殺されるまで抵抗しなかったことから、白人のいいなりになる意気地のない黒人の蔑称となったといわれる。人種的な裏切り者の代名詞として現代でも使われている。もっと軽い意味で、白人のものごとを好む黒人を「オレオ」と呼ぶ。白色の甘いクリームを二枚の黒い円形クッキーで挟んだ焼菓子で、いいかえれば外側が黒く中身が白いことから、白人の心をもった黒人ということになる（ちなみに、日系アメリカ人などアジア系はバナナ、先住インディアンはリンゴなどと蔑称されることもある）。

この作品を通読して驚くのは、タイトルからしてアンクル・トムが主人公であるから多くの描写を期待するのだが、大きく取り上げられるのは三章くらいであることだ。作者は敬虔なクリスチャンで奴隷制に反対していたこともあり、クリスチャンのトムを残酷で非人間的な奴隷制の殉教者として描いているようにみえる。したがって、作品中のトムは男らしく、主人の命令でも奴隷仲間へのムチ打ちを拒否することもある。逃亡した奴隷の居場所を追及されても白状しなかったことで主人に殴り殺されてしまう。奴隷仲間を裏切らなかったために自らの命を失ったのだから、後世にアンクル・トムが仲間を裏切る黒人の意味に変身してしまったのは、実に皮肉なことだ。その原因の一つは、この作品の主人公が原作の意図を無視して、ミンステル・ショー（一九世紀の代表的な大衆芸能の一つ。白人芸人が顔を黒く塗って黒人に扮する舞台劇で、無知な黒人を面白おかしく描いた差別的な表現行為）に仕立てられて人気を博したことだといわれる。

その後、一九五〇年代から黒人の公民権運動が盛んになるにつれて、『アンクル・トムの小屋』の黒人の扱いなどに関して議論が起こり、その批判がミンステル・ショーなどで醸成された白人にへつらうネガティブで嫌悪すべきアンクル・トム像を強化したようだ。「アンクル・トム」は「ニガー」と同じくらい、あるいはそれ以上に黒人を軽蔑する表現となった。

今日では、白人におもねる、白人的な発想をするというだけではなく、もっと政治的イデオロギーを含む表現として使われることが多い。保守的な黒人、民主党ではなく共和党を支持する黒人が典型的なアンクル・トムとしてのレッテルを貼られている。たとえば、アメリカ連邦最高裁判所のクラレンス・トマス判事は、黒人では最も保守的な思想をもつ裏切り者としてリベラル派からは悪評の高い人だが、ある判決で黒人の利益を損なう側に回ったことから「アンクル・トマス」と攻撃された。白人が黒人を正面から公の場でアンクル・トムやニガーという蔑称を使うことは、原則的には許されるものではない。もちろん、誹謗・中傷はなくなっていないが、増えているのは黒人の内部でのリベラル派と保守派の深刻な対立である。圧倒的に保守派は少数派ではあるが、黒人大統領のもとで両者の対立が目立っているのが興味深い。その原因を見極めるには、奴隷解放後の黒人社会で最も成功した保守派といわれるブッカー・T・ワシントンの生き方を見直してみる必要があるだろう。

第2章　ブッカー・T・ワシントンの保守思想

一　影響を与えたダグラスとリンカン

黒人のアフリカ植民とフレデリック・ダグラス

偉大な黒人思想家としてアメリカで揺るぎない地位を占めているのは、フレデリック・ダグラス（一八一八～一八九五年）であることは周知の事実である。奴隷時代に理解ある主人から読み書きを学んだことが武器となり、奴隷逃亡後は奴隷解放運動の先駆的活躍をした。南北戦争（一八六一～一八六五年）中、エイブラハム・リンカン（一八〇九～一八六五年）大統領に黒人を兵士に採用するよう進言するなど、大統領にも近い存在にまでなっていた。解放された奴隷の生活をどうするのか、黒人指導者にとっても大きな課題であった。奴隷制廃止後の黒人をどう一つにまとめていくのか、黒人たちの新しい不満にどう対処するのか、ダグラスは明確な答えを用意していなかったとされる。南部では解放後の苦境から脱出するために、一部では黒人の北部移住を勧める運動があったが、ダグラスははっきりと反対をした。その理由は、南部黒人の気質や習慣などからみると、無頓着でのんきな性質を備えており、これは一世代くらいでは改まるものではなく、北部での生活には向いていないというものだった。

フレデリック・ダグラス

ダグラスは黒人をアフリカに送り返す運動にも反対した。一九世紀前半には自由黒人をアフリカなどに植民させようとするアメリカ植民協会が設置され、連邦や州も援助することになった。一八三〇年までには一四二〇人の黒人がリベリアに植民した。植民というと聞こえがよいが、そこにはやっかいな自由黒人をアメリカから追い出すという意味合いもあった。アフリカ以外ではハイチが自由黒人を呼び寄せることに熱心だった。南部では、黒人奴隷が制度化されていたので、自由黒人は歓迎されておらず、外国に植民するように奨励された。『アンクル・トムの小屋』の終わりの部分では、奴隷制におけるキリスト教会の責任について描かれているのだが、アフリカ植民については積極的ではないが容認をしている次のような記述がある。かなり遠回しの表現だが、作者ストウの考えとみてよいだろう。

神の思し召しによって、アフリカに一つの避難場所が設けられたということは、確かに、大きな注目すべき事実である。……奴隷制の鎖から逃れたばかりの、無知で経験もなく、なかば野蛮といってもいい人間たちで、リベリアの国をいっぱいにしてしまうことは、新しい企ての初期段階に伴う苦闘と矛盾の期間を、何年間にもわたって長引かせることになるだけだろう。こうしたかわいそうな被害者たちを、キリストの精神にのっとって、北部の教会に受け入れさせよう。彼らが道徳的にも知的にも成熟するまで、キリスト教的共和主義の社会と学校で学ぶ教育の利点を、彼らに授けよう。そのあとで、リベリアへ渡る援助をしてやれば、彼らはアメリカで身につけた学習を実行に移せるようになるかもしれないではないか。[1]

リンカンの黒人観とダグラスの評価

黒人に理解のある白人においては、人道的な扱いをするような努力がみられるとはいえ、自分たちの目の前からいなくなってほしいというのが本音だったように思える。奴隷解放の父として黒人から最も尊敬されているリンカン大統領にしても、ストウよりももっと積極的に黒人の国外移住を望んでいた。リンカンはそのことを公文書に記している。あの有名な奴隷解放宣言は二種類あり、一八六二年九月に出した「予備的な奴隷解放宣言」のなかで、「アフリカ人の子孫の同意を得て、彼らをアフリカ大陸もしくは他の場所に、同地の政府の同意をあらかじめ得たうえで植民させる努力もつづけられるものとする」と公言しているのである。
リンカンは、この宣言を出す一月ほど前に、自由黒人の代表者たちを前にして黒人の植民を勧めていたし、その資金として議会が承認した六〇万ドルを利用するようにとまで述べている。黒人がいなければ戦争はなかったといって、南北戦争を黒人奴隷のせいにするような発言をしたあとで、次のような驚くべき発言をしている。

したがって、白人と黒人は分離されていたほうが都合がよいわけです。自由黒人の中には、外国へ行けば境遇を改善できるのに、この国を離れたがらない人がいます。植民の動きを阻止しているおもな障害は、自由黒人が海外植民によって生活が楽になることを理解できずにいる点にあります。[2]

アメリカで最も偉大な大統領とみなされているリンカンは、独立宣言にある「生命、自由、幸福の追求」の権利については黒人と白人の平等を認めている。奴隷制度に反対したのもこの原則に基づいている。しかし、黒人は多くの点で白人と同等でないという。肌の色、道徳と知性といった資質がそうである。だからこそ、「私は白人と黒人を政治的、社会的に平等にしようなどと言うつもりはありません。両者の間には身体的な違いがあり、私の判断では、その違いがあるかぎり、両者が完全な平等という関係にもとづいて共存することはできないと思われます」[3]と断言できるのだろう。

黒人の国外移住について、リンカンは当初は奴隷所有者に補償をしてから奴隷を解放してもらい、奴隷を祖国に帰国させようとしたといわれるが、一見、これは人道的なようにみえるものの、実はきわめて人種差別的な政策ではないだろうか。歴史家によれば、当時の南部には全人口の三五%に相当する約三〇〇万人の黒人がおり、その圧倒的多数はアフリカ移住を希望していなかったという。そのためリンカンも、黒人の植民が実際的ではないことをしだいに認識するようになり、黒人の国内での境遇改善に関心を向けるようになった。一例としては、教養ある黒人や兵役についた黒人にだけでも選挙権を与えたらどうかと、ルイジアナ州知事に提案したこともある。

リンカンは第二次大統領就任演説（一八六五年三月）で、アメリカの奴隷制度が神の摂理によってもたらされるべき罪の誘惑の一つであり、神の定めた期間を通じて継続してきたと述べたし、それ以前にも南北戦争が神の意志によるものと語っている。また、奴隷制度が悪でなければ、この世に悪というものは存在しないとまで明言している。こうしたリンカンの複雑な黒人観について、元奴隷のダグラスも複雑な心情を吐露している。リンカンの暗殺後には、「リンカンがなによりも第一に白人の大統領であり、もっぱら白人の福祉に献身した」とはいいつつも、「大統領の賢明な情け深い支配のもとで、われわれは、われわれ自身が奴隷制の深淵からしだいに自由と人類の高みへ登っていくのを見た」[4]と評価している。ダグラスは多くの奴隷制廃止論者のなかで、リンカンを個人的に強く尊敬していたようだ。リンカンが「私を一人の人間として扱ってくれた。われわれの肌の色に違いがあることを彼は一瞬たりとも私に感じさせなかった。大統領は実に立派な人だ。私は大統領が現況下で彼にできるすべてを実行していることに満足している」と賛辞を惜しまない。

ダグラスはリンカンの死後、四人の大統領と関係を築き、ハイチ公使などの官職にも任命された。奴隷制廃止運動のみならず女性解放運動、奴隷解放後の公民権運動では指導的な役割を果たした。黒人の自助・自立を説き、教育の重要性をとりわけ強調した。ダグラス自身が学校教育をまったく受けずに世界的に有名な活動家・理論家になり、歴代の大統領から一目置かれたのも、独学で学問を修めたからであることを彼は承知していた。しかし、ほとんど読み書きのできない解放奴隷に対しては職業教育を重視した。その意味では、ブッカー・T・ワシントンとは共通している部分があるのだ。

ダグラスの先駆性は私生活にも見られた。人種間結婚である。ダグラスは黒人の妻に先立たれた二年後に、二〇歳近くも若い白人女性と再婚したことで、大きな議論を呼び起こした。奴隷制が廃止されたとはいえ、白人と黒人の人種関係はほとんど改善されていない時代であるので、双方の家族はもちろん、運動関係者からも批判が多かった。それでも自己の信念にもとづき愛を貫いた。皮膚の色は黒人を貶め、抑圧するために提起された人為的な問題にすぎない、という立場を維持してきたダグラスの背景には、彼自身が奴隷主と奴隷女性との間に生まれたという事実があるのかもしれない。

　逃亡奴隷から四人の大統領の信頼を得たほか、アメリカの女性解放運動などの社会運動でも稀代の名声を獲得した公民権運動指導者の存在があまりにも偉大であったため、その後を埋めるほどの黒人がはたして出たのか議論のあるところだが、ダグラスの没した一八九五年に、ワシントンが全国的に注目を集めたアトランタ国際博覧会での演説を行っている。ダグラスは現代においてアンクル・トムなどと軽蔑されることはないが、ワシントンはあまりにも白人におもねりすぎるとの批判がある。しかし近年では、ワシントンの再評価が一部では行われるようになったといわれる。今日の黒人保守派の思想的背景を理解するうえでも、ワシントンが奴隷解放後の黒人がどのように白人社会で生きていくのかについて、いかに腐心したかを考えてみる。

二五歳で職業専門学校の開設

　ブッカー・T・ワシントン（一八五六～一九一五年）は、ダグラスと同じように母は奴隷で、父は白人である。この父については、母はけっして明らかにしなかったが、同じバージニア州の農園主であったといわれる。小さいころから、白人の子どもが学ぶ学校のそばを通るたびに自分も学びたいと強く思っていた。当時の奴隷制にあっては、奴隷に読み書きを教えることは禁止されていたので、かなわぬ夢であった。

ブッカー・T・ワシントン

南北戦争が終わった一八六五年に奴隷から解放されて自由の身になったワシントン一家は、父がかつて生活していたウエスト・バージニア州に移って新しい生活を始めた。九歳のブッカーとはいえ、工夫や召使いとして働いていたが、勉強に対する熱意を母や雇用主の女主人が理解してくれたおかげで、ブッカー少年は一日の労働のなかで一時間だけ読み書きを勉強することを許された。教材を与えられ、あとはすべて独学である。夜間の小学校にも通って勉強を続けた。ダグラスが理解ある白人の奴隷主に恵まれたように、ワシントンも黒人の向上を願う雇用主に恵まれて幸運だった。

その後、一八七二年に白人の奴隷制廃止論者サミュエル・アームストロングが校長を務めるバージニア州のハンプトン師範学校に入学した。ここでは肉体労働が重視されていた。校長の持論によれば、肉体労働は賃金を稼ぐ能力を増すだけではなく、忠実さ、正確さ、正直、持続力、知力をも増大させるという。さらにアームストロングは、土地と家を所有し、職業と技術をもつことの重要性を強調した。この学校は解放奴隷に職業教育を与える機関であり、ワシントンは学内での仕事をして学費を稼いで、優秀な成績で卒業した。アームストロングはワシントンの努力、熱意、才能に感銘していたので、アラバマ州が黒人教師を養成する師範学校を創設するさいに優秀な校長を推薦するよう依頼されると、ためらうことなく弱冠二五歳のワシントンを推薦した。教育委員会としては白人の校長がほしかったそうだが、元奴隷の青年が責任者となってタスキーギ師範学校が一八八一年にスタートしたのだ。師範学校といっても、解放奴隷に商業的な技術を身につけさせる職業専門学校である。一応、地元の教会を校舎の一部として借りることができたが、残りの校舎は学生がまさに技術を学びながら、手づくりをしたといわれる。そしてワシントン校長は、校舎を増築するため、または新しい土地を購入するために、地元の有力者を訪問しては寄付や協力をお願いしたという。黒人の学校ができることに反対している白人たちを説得するのに苦労したが、白人社会にも役立つ人材を育てる目的を理解してもらった。ともかく、目の前に発生する問題を次々と自分たちで解決しながら前に進まなければならない。

入学した学生たちも、多くが授業料を払えないほど貧しい家庭の出身なので、ワシントンがハンプトン師範学校で経験したように、学校での作業をすることで授業料を免除してもらうことが多かった。公衆衛生などほとんどない南部の田舎の生活しか知らない学生たちには、勉強、作業技術の他に、日常生活の規律を寄宿舎生活で教えることが必要だった。

たとえば「歯ブラシの福音」という言葉がある。ハンプトンのアームストロング校長の発案だが、歯を磨く習慣のない学生がほとんどなので、歯ブラシをもつことを義務付けたところ、入学希望者の多くが歯ブラシを持参することになった。ところが、よくみると、二〜三人で共用していることがあったという。そこで各自のものを用意させ、また一つがだめになったら次のものを買うようにしつけることが重要である。そういうことができるようなると、将来のことも自分で考えられるようになるので、福音がもたらされるのだと、ワシントンは自伝に書いている。また、体を清潔にたもつための入浴や、洋服のボタンの付け方、洋服のしみの取り方など、都会ではあたりまえの身だしなみをしつけるのも、この学校では重要な教育となっていた。

二　白人指導者からの信頼

白人を安心させたアトランタ博覧会演説

ワシントンの努力はしだいに成果を見せ始め、地元のみならず南部の実業界でも注目を集めるようになった。そこで信じられないことが起きたのだ。一八九五年、南部の綿花生産の盛んなジョージア州などが参加するアトランタ綿花州国際博覧会が開かれ、そこでワシントンが演説をすることになったのである。参加州の知事や政財界の指導者を前にしてである。奴隷制度が廃止されたとはいえ、南部ではいまだに白人と黒人の人種関係は緊張が続いており、心の中では白人の奴隷制支持の気持ちはなくなってはいないだろうし、南北戦争の敗北で政治・経済力を失った南部の白人は、しだいにかつての勢力を盛り返しつつあった。それにともない、黒人が投票権などの制限を受け始めていた。ダグラスも白人の前で演説を何度も行っているが、その白人は奴隷制廃止運動に参加している人で、黒人には同情的な人ばかりである。しかし、奴隷制廃止後とはいえ、いまだに元奴隷の黒人を奴隷状態に押し戻そうとしている白人が多い南部で、黒人が白人の前で演説するなどは考えられないことだったといっても過言ではない。

演説としては大変に示唆に富んでおり、黒人に懐疑的な気持ちをもった白人にも感銘を与える内容だった。黒人にとっては、そこまで白人に妥協する必要があるのかという反論が出る部分もあったが、これまで黒人が白人に直接要求することはできなかったことを考えると、しかるべき注文はつけているといってよい。そして、ワシントン個人にしてみれば、南部人口の三分の一を占める黒人をどのように社会に役立つ人材にしようとしているかを明確に示すことができた。白人が涙を流さんばかりに感動したに違いない言葉がある。ワシントンの本心なのだろうかと疑いたくなるのだが……。自伝『奴隷より立ち上りて』から紹介しよう。

……私どもは将来も、ささやかながら私どもなりに献身的に皆さんを守るでしょう。それは、よそ者には絶対まねのできないことですし、私どもは、必要が起れば皆さんを守るために勇んで命も投げ出しますし、二つの人種の利害関係を一つにまとめるような形で、私どもの工業の、商業の、公民の、そして宗教の生活を、皆さんの生活と相交錯させもするのです。純粋に社会的な事柄では、すべての点で、私どもは指みたいに一つ一つ別個のものですが、相互の進歩にとって不可欠な事柄では、すべての点で、私どもは一つの手のように、一本にまとまっているのです[6]。

ここでは、黒人は白人に献身的になるとあるが、共存共栄の意味合いも同じくらいあるように思う。指と手のたとえは言い得て妙である。ワシントンは黒人の政治的権利を放棄して白人に服従していると批判されることが多いが、この演説でも「私の同胞の中で最も賢明な者は、社会的平等という問題で扇動的な運動を起すのは愚の骨頂であるという」と述べている。このとおり受け取ると、その批判は当たっているといわざるをえない。しかし、その言葉に続いて、「黒人が行使する権利の前進拡大は、人工的な威圧の結果としてではなく、厳しく絶え間ないもがきの結果でなければならないことを心得ています」としている。自己流に解釈をするなら、これは社会的平等を要求しないといっているのではなく、要求をする場合には単に示威行動をするだけではなく、その必要性をより慎重かつ十分に検証して相手が承諾せざるをえないような状態になるまで、徹底的に話し合いや交渉をすることが肝要という意味ではないだろうか。

このように全面的に譲歩しているような表現をしながら、その後で白人の気持ちを傷つけない配慮をしながら、黒人の希望を白人に伝達しているようにみえる。当時の白人と黒人の政治・経済上の力関係、黒人の労働力の質の低さを考えると、南部の白人社会と日々接している黒人指導者としては、大きな限界を感じざるをえないのはやむをえない。それだけに、外国から移民を入れるのではなく、国内の黒人を人的資源として活用するように求めているのは注目すべきだし、次の演説の終わりの言葉は、白人に人間の平等について、大切なことを教えているようで、改めてワシントンの考え方に注目せざるをえない。

神が南部の人々の戸口へ置かれた紛糾した大問題を皆さんが解決なさろうと努められるのなら、いつでも私の同胞が辛抱強く理解ある援助の手を差しのべることを私は誓約いたします。ただし、このことだけは絶えず心に留めておいて下さい。すなわち、こうした展示館にある諸展示品——畑、森林、鉱山、工場の産物や、学問・芸術の諸展示品——は、たくさんのよいことが生まれてくるでしょうが、しかし、そうした物質的利益よりもはるかに優るもの、あのもっと高度な幸せが、すなわち、地域的利害や人種間の怨恨・猜疑心が拭い去られ、絶対的正義を行なう決意が生まれ、あらゆる階級の者が法律の命令に喜んで服従するようになってくるという幸せが生まれてくるでしょう。[7]

この演説は南部のみならず全国的に注目を集め、大々的に報道された。ワシントンはいまや南部の黒人指導者ではなく、全国的な知名度をもつ指導者となった。時の大統領グローバー・クリーブランドにも演説のコピーを送ったところ、丁重な手書きの礼状が届いたという。大統領は、黒人の幸せを願うすべての人を喜ばせ、黒人の新しい希望を抱き、新しい決意を固めるでしょう、と賛辞を並べている。それのみか、大統領は後日博覧会場に来場し、黒人館で一時間も過ごされ、多くの黒人と握手をしてくれたと、ワシントンは自伝に記している。大統領の知己を得たワシントンは、その後も大統領を訪問する機会を与えられ、中央政界や財界とのチャンネルが確立していく。

奴隷解放運動は、新たな時代を迎えて公民権運動として継続していった。とくに北部で盛んであったので、ワシントンの白人におもねるような言動は受け入れられていなかった。アトランタ博覧会の記念すべき演説は、W・E・B・デュボイスらには「アトランタ妥協」といわれた。ワシントンが実践していることがあまりにも自己を卑下し、白人に融和的な言辞が多い、つまりアンクル・トム的であることから、このような侮蔑的な表現が使われてしまったらしい。もっと批判的な表現としては、支配的な白人を喜ばせ黒人を優れた労働力とするために努力したという意味で、「タスキーギの奴隷監督」ともいわれたことがある。また、「白人の操り人形」とさえいわれ、白人による間接支配の手先と批判された。ワシントンが大した教育も受けていない南部の田舎者であり、黒人指導者としてはふさわしくないといった悪い評判もあった。

大企業家とのパイプ

高い評価のある一方で、北部の黒人公民権運動では批判を受けていたワシントンではあるが、解放奴隷の生活を確立するための地道な職業教育を支持する企業経営者も少なくなかった。そして慈善運動の高まりも追い風となった。裸一貫から出発して、時の大統領の知己を得るような地位を獲得した努力家のワシントンであるから、同じような自助努力で大成功した企業家と親交を結び、深めることはそれほど難しいことではなかった。鉄鋼王・慈善王といわれたアンドリュー・カーネギーとは、お互いに尊敬し敬愛する仲であったという。カーネギーは多額なUSスティール社の株をタスキーギ学校に寄付している。石油王といわれたジョン・D・ロックフェラーもカーネギー同様に貧しい家庭から身を起こして成功した人で、慈善家として有名であった。一九〇二年に南部の教育を支援する慈善組織「一般教育評議会」（GEB、連邦議会の認可）を開設して、タスキーギのみならず広く南部の学校に援助を行った。タスキーギ学校の理事会メンバーになり、生涯にわたってその職を維持したのが、シアーズ・ローバック社社長ジュリアス・ローゼンウォルドである。ワシントンとしては、新興のユダヤ系企業家への資金援助への期待とともに、内容が異なるとはいえ差別を経験している者同士の共感もあったといわれる。

ワシントンが大企業家の援助を獲得するのに成功した背景には、南部に対する北部白人の責任問題があるという。ワシントンは慈善家を対象とした資金集めの集会で、タスキーギ学校のような黒人の自立を進める努力に対して援助することにより、その責任を果たすような道を示したといえそうである。ワシントンは率直にこう述べたという。「あなたがた北部人は黒人に対しても、そして南部のあなたがたの白人同胞に対しても同じく、我が黒人にのしかかる無知という重荷を彼らが除去できるように援助するという、いまだ果たされぬ義務を負っているのです[8]」と。ワシントンが半ば自信をもって富裕層から寄付を集めることの正当性を公言できる背景には、彼独特の時代の読み方があるようだ。自伝では、世間が寄付する方向に向かっていることと、自分の資金集めの基本原理が他人を援助する機会を金持ちに与えていることに全力を尽くすこと、と述べている。寄付する機会を与えられた金持ちは、逆にワシントンに感謝してくれるとさえいうのだ。たとえば、カーネギーに最初に寄付依頼をしたのは図書館建設費用の二万ドルだが、そのやり取りが実に興味深い。依頼状の末尾に次のような殺し文句ともいえる表現がある。

> あなたがご寄付下さるお金は、建物を与えて下さるだけではありません。建物の建設は、多くの学生に建築業を学ぶ機会を与え、彼らは、貰ったお金を在学するための費用に当てるでしょう。二万ドルという金額が、これほどまでに一つの人種全体を向上させるなどということは、めったにあるものではないと信じています[9]。

これに対してカーネギーは、「喜んでお支払いいたします。この機会に、あなたの立派なお仕事に対する私の関心をお見せでき、嬉しく思っています」とすぐさま返事の手紙を出している。こうしたやりとりの根底には、アメリカ流のギブ・アンド・テイクがあるのかもしれないが、寄付者側には、この国が奴隷制という恥ずべき歴史をもち、黒人の貧困問題がいまだ解決していない状況にあっては、黒人団体に寄付をすることで、少しでも良心の呵責を軽減したいという気持ちが生まれても自然ではないだろうか。寄付を求める側には、奴隷制に対する賠償を求めるなどというつもりはなく、北部富裕層には過去を恥じて何かしなくてはいけないと思っている人たちがいるので、喜んで積極的に寄付をしてくれる、と考えるのだろう。いや、金持ちに寄付する機会を与えて、心の重荷を取り除いてやっているのだ、と豪語する黒人がいてもおかしくはない。

ワシントンが北部の大企業家と親交を深め、タスキーギ学校の経営のみならず、南部全体の教育に北部白人の資金を援助することができたのは、彼自身の人柄、人生観などが影響しているといってよい。ワシントンが天地神明に誓って明言しているのかどうか確信はないが、彼は自分たちを奴隷として家畜のごとく扱った白人を憎んでいないという。南部の白人が黒人に対してどんな迫害を加えてきても、神の助けにより、憎しみを抱かないですむようになったとしている。それればかりではない。南部の白人と交渉をもって以来、ただの一度も白人から個人的な侮辱を受けたこともないという。さらに、タスキーギ内外の白人たちが、自分に敬意を払うことができるのを特権だと思っている、とさえ公言してはばからない。このような元奴隷の学校経営者であるからこそ、白人たちは黒人に絶大な信望のあるワシントンを黒人の代表とみなして、親交を得て好誼を受けようとしたのかもしれない。彼に寄付をすれば、黒人全体になんらかの貢献をしたことになるからだ。

四人の大統領との信頼関係

すでに述べたように、アトランタ博覧会での演説に感動して来場したクリーブランド大統領と親しくなった後、ワシントンはその後継者ウイリアム・マッキンリー大統領（一八四三〜一九〇一年）とも親交を結んでいる。契機となったのは、一八九八年に米西戦争（一八九八年キューバとフィリピンを舞台にアメリカとスペインの間で戦われた戦争。アメリカの勝利で両地域を併合した）の勝利を記念する平和祝典に出席するため、マッキンリーがジョージア州アトランタを訪問する可能性が出てきた。そこでワシントンは、その機会にアラバマ州まで足を延ばしてタスキーギ学校を視察してもらおうと考えた。事前の陳情が実を結び、大統領の訪問が実現した。南部の田舎の黒人師範学校に大統領をはじめとする多くの閣僚が訪問したことは、アメリカ中の大ニュースとなった。ワシントンの事業を中央政府が評価したからこそ、マッキンリー大統領のタスキーギ訪問が実現したのだ。ワシントンの名声は、三年前のアトランタ万国博覧会での演説後と同じように全米に広まった。

当時の人種関係を象徴しているのが、セオドア・ローズベルト大統領（一八五八〜一九一九年）との結びつきである。マッキンリー大統領が暗殺されて、一九〇一年に副大統領から大統領に就任したローズベルトは、副大統領時代にタスキーギを訪問してワシントンとは会っていて、彼の能力をよく理解していた。中央政府の権力を拡大しようとするリベラルな大統領が、就任の年に最も保守的な黒人指導者をホワイトハウスに正式に招待したのである。それまでホワイトハウスを訪問した黒人指導者は何人もいたが、正式な客人として招待されたのはワシントンが初めてである。

そもそもホワイトハウス、つまり白い家は、そこの住民として白人を前提にしていたといわれている。その命名はなんと就任したばかりのローズベルト大統領である。それまでは大統領の家とか行政官の館(エグゼクティブ・マンション)とか呼ばれていた。したがって、有名な黒人指導者といえども、ホワイトハウスに正式に招待されるのは大変な事件なのだ。当初は、ビジネス・ミーティングの予定だったが、その日の日程が押せ押せとなり、急きょ、友人を招待してあったディナーにワシントンも参加してもらうことになったといわれる。ディナーとなれば、大統領夫人や家族も同席することになり、人種差別主義者の南部白人にとっては耐え難い光景である。奴隷制時代はもちろん、その後も長年にわたって、黒人男性が白人女性を見るだけでもリンチの対象となることもあったくらいである。食事を共にするということは、出席者がみな平等であることも意味する。

南部の民主党にしてみれば、黒人の権利剥奪に努力していただけに、大統領の行為は南部白人として許しがたいことであった。過激な反応もあった。サウスカロライナ州選出の上院議員は、黒人に改めて身の程を知らせるためには南部の黒人一〇〇〇人を殺害しなくてはならないと語り、また白人優越主義者として有名なアラバマ州議会議員（民主党）にいたっては、ワシントンと大統領が夕食を共にしたホワイトハウスの部屋をダイナマイトで爆破したい、といった戯言まで述べている。殺しの脅迫状まで二人は受け取っている。言論のほかにも、このディナーがいかに大スキャンダルであるかを示しているのが、反ローズベルトのメッセージを伝える絵バッジである。アメリカでは選挙運動などで配布されることが多い。バッジにはローズベルトとワシントンがワインを飲んでいる絵が描かれ、バッジの上の部分に平等という文字が書かれている。ワシントンの顔は実物より黒く表現されている。もう一つの絵バッジでは、タキシードで正装したチンパンジーがテーブルでフォークとナイフを握っている。バッジの下の方には、「私と夕食をしなさい」という文字が入っている。一〇〇年以上も前に出されたこうした政治的メッセージをもったバッジは、今日でも骨董品として市場に流通しているという。歴史的な背景を知らないと、絵の意味がわからない作品である。

ローズベルトは、就任して一ヵ月しかたっていない不安定な時期に、なぜ世間の反発を招く危険のある黒人との食事を実行したのだろうか。ローズベルト大統領がちゅうちょしたのは確かだが、マッキンリーの不慮の死で副大統領から大統領になったことから、政権を安定させ、再選の準備もしておく必要もあった。そのためには、南部の黒人票を確保しておくことが喫緊の課題であった。一八九〇年のアメリカ人口をみると、黒人は一二％、七五〇〇万人と票田としては大きい。そこで多少の反発が予想されたとはいえ、南部のみならず全国的に人気のある黒人指導者との関係を強化するために、ワシントンをホワイトハウスに招待する決心をしたのだろう。それに加えて、黒人の任用人事でワシントンからアドバイスを求めたかったといわれている。ワシントンの側も、食事の招待については同じくためらいがあったといわれている。面談だけで食事への招待がなければ、ここまでの大スキャンダルにはならなかっただろう。

大統領が黒人指導者をホワイトハウスに招待してディナーを共にしたことは、内容的にはどうということはないにもかかわらず、当時の白人、とくに南部白人の人種感情にとってはとうてい容認しがたいことなので、大スキャンダルとなった。今日でも、この事件が政治の世界で話題になることもある。二〇〇八年大統領選挙で共和党大統領候補のジョン・マケイン上院議員が素晴らしい敗北宣言を行ったが、そこでこの事件についてふれ、その教訓を語っている。「一世紀前、セオドア・ローズベルト大統領がブッカー・T・ワシントンをホワイトハウスでのディナーに招待して、諸方面で激怒を買った。……現代のアメリカは、当時の残酷で高慢な人種的偏狭を乗り越えている。その一番の証拠は、アフリカ系アメリカ人がアメリカ合衆国大統領に選出されたことである」と。

ローズベルト政権に次いで、一九〇九年成立のウイリアム・H・タフト（一八五七〜一九三〇年）政権でも、ワシントンは人種問題などに関するアドバイザーとしてホワイトハウスとの関係を維持した。とはいえ、タフトの黒人に対する関心は前政権よりかなり弱くなったので、ワシントンとの関係も緊密ではなくなった。その背景には、南部の民主党勢力による黒人の既得権の剝奪が進み、共和党政権として黒人に依存する必要性が低くなってきたからである。黒人の置かれた状況をみると、奴隷制時代と同じように、さまざまな正当な法的権利を奪われつつあった。

ブッカー・T・ワシントンは黒人にとって何をしたか

南部に黒人の職業教育を普及させることによって、ワシントンが黒人の生活水準の向上に貢献したことは間違いない。また、黒人の生活向上に関心をもつ白人の富豪から多額の寄付を集めて、教育施設の充実を図ったことも、他の黒人指導者にはできなかったことだった。プラグマティスト（実用主義者）としては、社会に役立つ人材を育成することの重要性をなによりも優先し、そのためには白人との平等性で譲歩してもやむをえないと考えたこともあった。

南部の白人としては、ワシントンが黒人の政治上の権利や公民権といった法的な権利を強く主張しないことを歓迎した。南部の生活に順応するように黒人を教育してくれるのは、南部の白人にとっては喜ばしいことであった。ワシントン自身が南部の白人を信頼していると断言していることも気に入ったに違いない。しかし、ワシントンが共和党の大統領と親しくしていたことには警戒をしていた南部人は、ホワイトハウスでローズベルト大統領一家とのディナーなどといった、彼らの価値観では黒人には許されない行為をすると、徹底的に怒りをあらわにする。

　ワシントンは白人のいいなりになっていたかのような批判があるが、実際には黒人の権利を奪う黒人差別法（ジム・クロウ法）をめぐる裁判闘争を秘密裏にではあるが、資金面で何度か支援したことがある。一九世紀末から二〇世紀初めにかけて、南部ではいまだリンチで年間平均一五〇人が殺害されていたほどで、黒人にとっては生活困窮だけではなく生命の危険さえあった。一八九二年が最多で二三五人という記録がある。このような南部にあっては、黒人指導者がどう運動を組織していくかはおのずと限界があった。ワシントンはその限界のなかで、黒人師範学校の一校長にすぎない立場にありながら、南部の白人指導者が一目置く存在となり、ついには大統領や北部の大富豪と親交を得るところまでいった。これは初代の黒人指導者フレデリック・ダグラスに優るとも劣らない実績といえるだろう。ワシントンのタスキーギ学校の卒業生たちが黒人社会を教育する面でどのような貢献をしたか、ワシントンが組織化した黒人実業家たちがどのような経済活動をして黒人を豊かにしたかを実証することはここではできないが、大きく貢献したことは間違いないだろう。

　人種の規律が厳しい南部にあって、ワシントンがタスキーギ学校をゼロからスタートさせた経営手腕はなにかといえば、地元の有力者から寄付を仰いで、まずは資金づくりから始めたことである。黒人もいたかもしれないが、協力者のほとんどが白人である。つまり、黒人学校の校長ごときが寄付集めをして成功したことになる。黒人学校の運営がいかに南部にとって必要であるかについて、白人を納得させるだけの資質と能力をワシントンがもっていたことになる。黒人への差別や偏見が日常茶飯事であった時代に、南部でこれだけ受け入れられたことへの評価があってしかるべきだろう。北部の公民権運動においては、全国黒人地位向上協会（NAACP）がデュボイスらによって一九〇九年に結成され、法廷闘争などによって運動が進められたが、南部でのワシントンは表立って法廷闘争を指導することはできなかった。

ワシントンの業績が教えている今日的な意義は、白人社会への融合はともかくとして、黒人が特定の目的を実現するうえで白人を説得することが不可能ではないことを示していることである。自助・自立の精神で困難に挑戦して自己実現を図るという、アメリカ建国以来の開拓者精神は、けっして白人の専売特許ではなく、能力と意欲があれば黒人にも開かれているということだろう。今日の黒人保守派も、アンクル・トムという差別的な表現で同じ黒人から蔑視されることが多いが、ワシントンの業績を見直すことによって、そのような評価が正当であるのかどうかを考えてみる必要がある。

今日におけるワシントンとダグラス

二〇一三年は黒人にとっては記念すべき年である。奴隷解放一五〇周年、キング牧師が「私には夢がある」演説をしたワシントン大行進の五〇周年である。主要メディアではほとんど報道されなかったが、ダグラスの銅像が連邦議事堂敷地内の解放ホールに設置された。解放ホールは連邦議事堂ビジター・センターの主要な展示ホールであり、原則として各州が二人の偉大な歴史的人物を選び、その像を飾るという施設であるが、実際には一八〇人も歴史上の英雄の像が飾られているという。黒人はこれまでに三人が展示されているだけであった。奴隷廃止と女性参政権の運動家ソジャナー・トゥルース（一七九七～一八八三年）、公民権運動活動家・牧師マーティン・ルーサー・キング二世（キング牧師　一九二九～一九六八年）、バス・ボイコット運動でキング牧師らと公民権運動を戦ったローザ・パークス（一九一三～二〇〇五年）の三人である。

ダグラスはワシントンDCに住んでいたことがあり、官職にもついたこともあるのに、以前から首都ではなく他の場所に設置されていた。またワシントンDCは州ではないので、偉大な人物といえども解放ホールに飾られる資格がなかった。しかし、五年ほど前からニューヨーク州選出の上院議員らによって、ダグラスの像を移転する法的手続きが進められ、一三年六月には実現した。オバマ大統領は出席していなかったが、副大統領、上下両院議長、議会指導者など大物が多数参加して除幕式が行われた。アメリカの歴史的人物一八〇人のうち黒人が四人と少ないのだが、各州が推薦した人物であるという選抜方法を考えると、黒人が選ばれるのは難しいのだろう。

ブッカー・T・ワシントンは残念ながら解放ホール入りを果たしていない。あれだけ黒人差別の厳しいアラバマ州であったから、四人の大統領や東部の大企業家と親交があった教育者・公民権運動家とはいえ、推薦されなかったのは当然であろう。しかし、ワシントンは一九四〇年に、黒人としてはアメリカ史上初めて一〇セント切手になっているし、これまた史上初だが五〇セント記念硬貨にもなり、アメリカ政府からしかるべき評価を受けている。

ダグラス像の除幕式に出席したダグラス家の子孫の話から、なんとダグラス家とワシントン家が今日では姻戚関係にあることがわかった。もちろん歴史の偶然ではあるが、それにしても何か運命的なものを感じざるをえない。式に出席したのは、ネッティ・ワシントン・ダグラスとその息子ケネス・モリス二世である。母のネッティは、ワシントンの孫娘ネッティ・ハンコック・ワシントンとダグラスのひ孫フレデリック・ダグラス三世との間に生まれたので、ここで両家の血を引いた人物が誕生したことになる。この母と息子は二〇〇七年にフレデリック・ダグラス家族財団を創設して、人身売買防止運動に取り組んでいる。財団のウエブサイトには、ダグラスと並んでワシントンの人物紹介もされている。

第3章　黒人保守派の活動家・理論家

一　「アメリカ黒人から最も憎まれている黒人」ウォード・コナリー

保守思想の実践家

黒人保守派のなかで社会的な影響力をもった最初の人物がブッカー・T・ワシントンであることは、多くの人が賛成している。これは間違いないだろう。その後については、黒人の文化的な影響力を含めて、多くの分野で才能ある黒人が活躍しているので、いろいろな考え方や評価があると思うが、今日の黒人の生活に関して実際に大きな影響力を与えているのは、カリフォルニア州の実業家ウォード・コナリー（一九三九年〜）といえるだろう。黒人や少数民族・女性に対する優遇措置ともいえるアファーマティブ・アクションの廃止に奔走している黒人、現代のアンクル・トムの代表的人物である。

黒人保守派で理論的に黒人生活を左右するほどの人物を特定するのは難しいが、コナリーの場合、いくつかの州で果たしたアファーマティブ・アクション廃止によって、黒人他のマイノリティが大学入試や就職、地方政府との事業契約などで、これまでの恩典を受けることができなくなっているので、その実害は莫大なものである。奴隷制という過酷な制度から解放されてもなお差別を受け続けた黒人が、その補償として政府から差別撤廃の優遇措置を受けるのは当然であるという考えは、黒人にとってなんら疑問はないし、黒人の権利回復闘争の成果であるとされている。それを黒人自ら廃止しようとしているのは、まさに黒人に対する裏切り行為にほかならない。リベラル派でなくとも普通の黒人でさえ、そう考えるのが自然である。しかし、そうした社会の負け犬のような境遇に満足している、あるいは政府の施しを受けているのがあたりまえ、と考えているので黒人に進歩はないのだ、と黒人保守派は訴えてきた。アファーマティブ・アクションは法の下の平等をうたう憲法に違反するというのだ。ブッカー・T・ワシントンの時代では、黒人が白人に憲法を守るように要求したのだが、今回は黒人が黒人に対して憲法違反の行為を廃止しよう、そして自立のために努力しようと訴えているのだ。黒人から憎まれるのは当然である。

ウォード・コナリー

コナリーは人種的にも、家庭的にも大変に複雑である。「私はアフリカ系アメリカ人ではない、黒人である」とはっきり述べる。なぜなら、彼は黒人、チョクトウ・インディアン、フランス人、アイルランド人の血が入っている多人種（マルチレイシャル）で、出自がアフリカだけではないからだ。黒人の父は二歳の時に家庭をすて、多人種の母はその二年後に病死したため、コナリーはおばをはじめとする親戚に育てられた。おばは白人と同じくらい色が白かったという。一三歳から清掃などのアルバイトをしながら短大からカリフォルニア州立大学（コナリーが後年、理事を務めたカリフォルニア大学とは別の大学システム。両大学ともカリフォルニア州の予算で運営されるが、前者は主として教員や専門職の養成、後者は研究者養成と役割分担がある。前者は二三キャンパス、学生四三万人、後者は一〇キャンパス、学生二二万人。キャンパスごとに独立して運営されている。加えて専門学校的役割をもつ州立の二年制大学［短大］システムがある）サクラメント校に進み、なんとか大学卒業の資格を取った。コナリー家としては初の大卒である。在学中に知り合った白人女性と交際し結婚する。学生時代は学生自治会の委員長を務め、民主党の学生組織でも活動する革新的な運動家だった。

コナリーは黒人として育ち、周囲からも黒人として扱われ、人種差別も経験している。しかし、人種意識・アイデンティティとしては、プロ・ゴルファーのタイガー・ウッズと似た感覚をもっている。つまり、ウッズは自らを黒人ではなく「カブリネジアン」と呼んだが、世間からは黒人として扱われた。ウッズの父は黒人、白人（オランダ系）、先住インディアンの混血で、母はアジア系（タイと中国の混血）であることから、それらの要素を含めた造語カブリネジアンを自称したのだが、黒人の誇りに欠けるとして黒人運動の指導者などから非難された。奴隷制の時代からアメリカでは、一滴でも黒人の血が入っていれば、その人は黒人として扱われてきたことを忘れるなというのだ。ちなみに、ウッズも白人女性と結婚した。コナリーの息子はアジア系（ベトナム系と白人の混血）女性と結婚している。その子どもの人種的アイデンティティはどうなるのか、つまり自分のコアとなる人種をどう選ぶのかと、コナリーは心配している。

コナリーは大学を出てからカリフォルニア州の公務員となり、住宅・開発を担当する部署で仕事をするなかで、州議会の開発委員会との関係もでき、そこで後に州知事になるピート・ウィルソン共和党議員と懇意になる。一九七三年に州を退職して都市開発・土地再開発のコンサルタント会社コナリー・アンド・アソシエーツを妻と共同で立ち上げた。カリフォルニア州政府の仕事を民間の立場で請け負うのだから、州議会の都市開発委員会のウィルソン議員とのコネは商売上きわめて有効な成果を期待できた。

カリフォルニア大学理事としてアファーマティブ・アクション廃止

一九九〇年のカリフォルニア州知事選にウィルソンが出馬したさいには、コナリーは積極的に選挙資金集めなどの運動に参加した。当選してから二年後に、アメリカではごく普通のことだが、論功行賞としてカリフォルニア大学の理事に指名され、州議会の承認を経て理事に就任した。当時のカリフォルニア州では、州政府との事業契約のうち、一五％が少数民族の企業に、五％が女性の企業に割り当てられていた。コナリーは黙っていてもその恩恵を受けられる立場になった。そこで、白人企業から提携の話があって、州政府の仕事を山分けしようという提案さえ、コナリーは実際に経験している。そういうことが背景にあったせいか、コナリーは初め、理事会のアファーマティブ・アクション委員会に所属するよう勧められたが、これを断った。なぜなら、自分が「黒人」委員としての役割を期待されるのがわかっていたからである。そこで、財務委員会を希望したところ、なんと財務委員長に選出されてしまった。

コナリーは当初、アファーマティブ・アクションに特別の感情をもっていなかった、と自伝『平等を創る――人種優遇策との戦い』[10]（未邦訳）で述べている。アファーマティブ・アクションは一般的には機会の均等を促すものであり、社会の多様性（ダイバシティまたはディバシティ）という要請も、一つの時代の流れだと考えていた。しかし、理事になってから、ある白人夫婦から不公平な入試選抜について訴えがあった。自分の子どもがカリフォルニア大学サンディエゴ校医学部を受験し不合格になったが、その原因を調べたら、息子が成績ではなく白人であるがために、自分より成績の悪い少数民族の受験生が優先的扱いをされていたために不合格になったという。夫婦のもち込んだ資料や自分の調査結果をみると、白人とアジア系の受験生が不利な扱いを受けていることが多く、入試選抜におけるアファーマティブ・アクションが人種差別になっているのではないか、とコナリーは感じるようになった。

ウィルソン知事に対して、コナリーは次のようにアファーマティブ・アクションの現状を説明し、廃止を提案したのである。アファーマティブ・アクションというのは本来、優秀な学力をもちながら大学に入学できない学生に援助の手を差し伸べて、入学させるという制度であったはずだ。しかし、カリフォルニア大学での実態は、もっと優秀な受験生がいるにもかかわらず、一定数の黒人などの少数民族を優先的に合格させるという優遇措置制度になっている。優秀な受験生であっても、この優遇措置のために不合格になっている。いわば、アファーマティブ・アクションは機会の平等を保障するものから、人種上の優遇措置に変質しているといってよい。

「キング牧師の墓に石を投げる」

知事就任前まではアファーマティブ・アクションに反対していなかったが、大統領選挙を目指すようになったウィルソンは、コナリーの廃止提案を了解した。カリフォルニア大学理事会には二六人の理事がいるが、そのうち一七人がウィルソンや歴代の共和党知事によって任命されており、廃止案の決定はそれほど困難なことではなかった。結局、一九九五年にアファーマティブ・アクションの廃止は「SP－1」（入学）と「SP－2」（雇用・契約）の二つに分けて採決されることになった。大統領選挙にも出馬したことのある有名な公民権運動指導者のジェシー・ジャクソン牧師が、アファーマティブ・アクション廃止反対を訴えるためにカリフォルニア大学ロサンゼルス校のキャンパスに乗り込んできて、学生たちに反対闘争に立ち上がるように訴えていた。そのさいにコナリーに対して「奇妙な果実」という表現で批判した。この言葉は、奴隷制廃止後も続いた白人によるリンチで殺された黒人の死体が木に吊るされている様子を指すもので、黒人ジャズ・シンガーのビリー・ホリデイ（一九一五〜一九五九年）の歌としても広く知られている。ジャクソンは本気で死の脅迫をしているのか、コナリー自身も理解できなかったという。

　採決の会議では、一般の人も意見を述べる機会が与えられた。ジャクソンも、アメリカは「肌の色を考慮しない」（カラー・ブラインド）のではなく、「肌の色を気づかう」（カラー・ケアリング）の国であるべきであり、「人種と性を無視することは人種差別であり性差別である」と述べた。一般の意見を述べる時間が終わりそうなところで、突然警察官が入室して、爆弾を仕掛けたという脅迫電話があったので、至急部屋を出るようにとの指示があった。アファーマティブ・アクションの廃止議論が爆弾騒ぎまで引き起こしたのである。爆弾が仕掛けられていないことが判明したので、会議は再開され、議事次第にしたがってコナリーはアファーマティブ・アクション廃止提案の趣旨を次のように説明した。

　この国そしてこの州の目標は、政府との契約において、肌の色、出身国、出自を考慮しない政府や制度をもつことであると、私は固く信じています。……われわれは、歴史上の不公平や不公正を幾分でも補償するために人種上の優遇措置を与えてきました。これらの不公平や不公正は多くのアメリカ人が対象になり被害者となりましたが、とりわけ黒人が被害を受けました。これらの優遇措置は一時的なものだろうと想定されてきました。しかし、月日がたつごとに明らかになってきたのは、この一時的な優遇措置がますます強固なものになり、公的な意思決定において恒久的なものになっていることです。もう一つ明らかになっていることは、私自身も「売国奴」とか「裏切り者」とか「アンクル・トム」とかいわれて苦しんでいますが、アメリカでは人種の線にそって人々が分裂しようとしているのです。われわれは分裂を再編できる地点、そしてわれわれが諸個人の集まりであることを考えることができる地点をもう過ぎてしまったかもしれません。人種に過度に固執することが、このような人種の分裂をもたらすことは間違いありません。この大学のキャンパスほど強烈に人種が意識されているところは、どこにもないのです。[11]

理事会の採決では、採用・契約のアファーマティブ・アクションの廃止案「SP－2」は一五対一〇で決定された。次に入学に関するアファーマティブ・アクション廃止に関しての審議が始まったが、ジャクソンとその支持者たちが議場で抗議行動として、公民権運動で必ずといってもよいくらい歌われてきた「われわれは勝利する」（ウィー・シャル・オバーカム）を合唱し始めた。警察官によって制止されたが、議長の判断でしばらく会議を休憩することになった。そして別室で会議は再開されたが、ジャクソンらは出席が許された。採決をしないように訴えた後、ジャクソンはコナリーを手招きして、怒りを込めてつぶやいたという。「コナリー、君の人々［黒人］のためにこんなことをしてはいけない」と。コナリーはこれに対して、アファーマティブ・アクションはわれわれ［黒人］の人々が直面している問題の一部であり、解決方法の一部ではない、と答えたという。するとジャクソンは、「コナリー、君はキング牧師の墓に石を投げつけているのだぞ」と反論した。

その後の議論で、カリフォルニア大学を構成する大学の学長や関係者がアファーマティブ・アクション廃止に反対の意見を述べた。ロサンゼルス校学長などは、理事会が何を決定しようが、大学としては三〇年来の伝統である二つの目標、多様性と卓越性を追求していくし、学生選抜については、人種の割当てをしなくとも人種、性別、民族性を考慮した方法を実施できると述べた。大学人としては、多様性を求めることが大学のみならず社会全体のためにも利益になることを強調した。そうした議論を経て、理事による議決では入学に関するアファーマティブ・アクション廃止案「SP－1」は一四対一〇で決定された。コナリーとしては、アメリカは人種差別の国だから黒人はアファーマティブ・アクションなしには白人と競争できないという意見が、必ずしも黒人全員の見解ではないことを示すことができた、と自負しているに違いない。アメリカは究極的には公正な国であり、努力さえすれば、黒人でも成功への道を探し出すことができることを示したかったのだろう。

入学のアファーマティブ・アクションが廃止されて、少数民族の学生の合格者はどうなっただろうか。カリフォルニア大学の旗艦校で最難関校といわれるバークレー校をみると、新制度が適用された一九九八年度の少数民族の合格者は前年の一八九七人から八一八人と五七％も減少した。翌年九九年度には若干増加したとはいえ、全体としては廃止以前の五六％でしかない。減少率を人種・民族別に見ると、黒人が六八％減、ヒスパニックが五三％減であったが、アファーマティブ・アクションの対象外であったアジア系は当然ながら増加した。興味深いのは、カリフォルニア大学のなかでも入学難度がそれほど高くないとされるリバーサイド校などでは、少数民族の合格者が廃止後には六〇％以上も増加していることだ。実力にあった大学に入学する学生が増えたことによって、卒業率も増加しているので、アファーマティブ・アクションのプラスの効果もあったことを示している。

ところが、二〇〇〇年国勢調査では、カリフォルニア州の人口構成がますます多様化して、白人人口より非白人人口が多くなっていることが判明した。その割には、カリフォルニア大学の学生や教職員の構成では、逆に非白人が減少していた。それを挽回するには多様性を強化する必要があるということになり、二〇〇一年に理事会はアファーマティブ・アクション廃止について、コナリーを含む全員一致で撤回したのである。[12]

州のアファーマティブ・アクション廃止運動

コナリーがカリフォルニア大学のアファーマティブ・アクション廃止に成功した一九九五年当時、州政府の実施しているアファーマティブ・アクションを廃止しようとする運動が進んでいた。一九九六年大統領選挙のさいに州民提案（プロポジション）として州民の判断を仰ぐべく一〇〇万人の署名集めが行われていた。これは、州によっては州民発議（イニシアティブ）、州民投票（バロット）などと呼ばれるもので、州議会の審議とは別に州民が直接投票によって憲法を改正したり、新しい法律を制定できる制度である。通称「カリフォルニア公民権発議（ＣＣＲＩ）」と呼ばれ、アファーマティブ・アクションという言葉はいっさい使われていない。その運動を推進していたのは二人の白人男性、カリフォルニア州立大学ヘイワード校教授のグリン・カストゥレッド、博士号をもっているが大学教授になっていないトム・ウッドである。

二人の考えたＣＣＲＩの中身は、一九六四年公民権法の文言の一部をそのままパクったものである。「州は、公共の雇用、公共の契約、公共の教育の運営において、いかなる個人、いかなる団体に対しても、人種、性、肌の色、民族、出身国にもとづいて差別したり、優遇措置を取ることはない」。一九六四年公民権法は、文言としては明示されていないが、それまで差別されてきた黒人他の少数民族がやっと法の下の平等を獲得した画期的な法律である。その精神を盛った文言が、数十年後に白人に対する逆差別といわれるアファーマティブ・アクションを廃止するために使われていることになる。実に巧妙な戦術であるが、この文言の背景を考えずに読めば、反対できる人はいないはずである。アファーマティブ・アクションが少数民族に対する優遇措置で、白人に対する差別であると考える人にとっては、この文言は公平かつ公正なものと理解できる。一方で、公民権法が成立しても、いまだにアメリカには差別があるので、アファーマティブ・アクションがなければ公平な社会は実現できないとする人にとっては、この文言は危険な内容を含んでいるといわざるをえない。

一〇〇万人の署名が期日までに集められそうにないと判断したカストゥレッドとウッドの二人は、コナリーに泣き込んだ。最初は断っていたのだが、最終的には引き受けて、資金集めと署名集めは順調に進み、コナリーは結局一二〇万の署名を集めてしまった。そして、州に提出され、検査の結果受理された。これで、CCRIは一九九六年一一月の大統領選挙・議会選挙のさいに、「州民提案二〇九」として州民の判断を仰ぐことになった。投票の結果、五四%の賛成を得て、州民提案二〇九は成立した。選挙ではビル・クリントン大統領が再選された。州のアファーマティブ・アクションが州民自身の投票によって廃止されたのは、カリフォルニア州が初めてである。

州全体を対象とする運動であったため、コナリーに対する黒人からの批判はしだいに強まっていった。「アンクル・トム」は最初からだが、次に「怒れるオレオ」、そして保守派から金をもらっているという非難のせいだろうが、「ハウスボーイ」「雇われ暗殺者」などと軽蔑されたこともある。妻が白人であるので、白人になりたがっているとか、色のない社会を望んでいる、民族的誇りをもっていない、とまで揶揄されたこともある。コナリーが断固として否定するのは、彼自身がアファーマティブ・アクションの恩恵を受けているのに、なぜそれを廃止するのかという非難である。黒人の経営者として州政府からアファーマティブ・アクションの恩恵を受けているではないか、あるいは知事と親しいことからも州の仕事を多く受注しているのではないか、といった疑いをかけられているわけだが、コナリーは、大学に入る時も、会社経営の面でも、すべて自分の力でやってきたと強調する。

ワシントン州他での廃止運動

カリフォルニア州でのアファーマティブ・アクション廃止に成功したコナリーは、今後も運動を継続していく足場を固めるために、すぐさま非営利団体の「アメリカ公民権研究所」（ACRI）を設立した。そしてワシントン州でのアファーマティブ・アクション廃止運動からも協力を依頼された。カリフォルニア州の住民が他の州の運動に参加するのはいかがなものかとためらったそうだが、署名運動がうまくいっていないということから、参加することになった。今回の場合、運動責任者が署名集めを専門とする業者を雇うことになった。この会社は他の州から黒人やヒスパニックを雇って、ワシントン州での署名を集めさせる方針をとったという。期日までに必要署名数より一〇万人も多い二八万人分の署名を集めて州に提出、受理されて「I－二〇〇」州民投票として一九九八年選挙で州民の判断を仰ぐことになった。反対勢力で目立ったのは、全国的にも有名な企業だった。ボーイング、スターバックス、マイクロソフト、エディー・バウアーなどが、州民投票に反対する勢力に多額の献金をしていたのだ。

投票の結果は、「I-二〇〇」に賛成したのは五八・三%、反対したのは四一・七%であった。州民投票にいかに金がかかるか、そして賛成派、反対派のどちらかがより有効に資金を使ったか。ここに面白い数字があるので紹介しよう。反対派は約一七〇万ドルを支出したのに対して、賛成派はその三分の一である。これを一票当たりのコストに換算すると、賛成派は約二ドル五〇セント、賛成派は約六〇セントであった。少ない資金を有効に使って有権者を説得できたことになる。それだけではなく、有権者はアファーマティブ・アクションそのものに否定的な考えをもった人が多かったということにもなる。あるいは、そのようにうまく信じ込まされて、賛成票を投じた人もいたかもしれない。当時中国系移民の二世で知事になったことで話題になったゲリー・ロック知事（民主党）によれば、有権者は州民投票の文言が紛らわしいので、本当の意図を誤解して賛成してしまった人もいたという。ワシントン州（五九%対四一%）での廃止に続いて、二〇〇六年にはミシガン州（五八%対四二%）、〇八年にはネブラスカ州（五八%対四二%）、〇九年にはアリゾナ州（六〇%対四〇%）、一二年にはオクラホマ州（五九%対四一%）で住民投票によってアファーマティブ・アクションが廃止された。そのすべてにコナリーがかかわっている。

ただし、オクラホマ州については、特殊な事情があったので説明しておく。コナリーらは〇八年選挙で州民投票にかけるつもりで必要な署名を集めていたが、形勢が悪化して勝ち目がないと判断して、運動から撤退してしまった。署名集めで不正行為があったと世論の批判を浴びてしまったのだ。アファーマティブ・アクションを廃止する運動でありながら、署名してもらうさいに「これは公民権を強化するための運動です」とか「アファーマティブ・アクションに賛成するなら署名をお願いします」などと、有権者をだますような行為があったという。しかし、一二年になって、州議会の多数議席を占める共和党が、アファーマティブ・アクション廃止を州民投票にかけるという法案を可決して州民の判断を仰いだ。その結果、州民の賛成が得られたので成立したものである。途中で撤退したので、これはコナリーの勝利ではないが、アファーマティブ・アクション廃止の種をまいたのがコナリーであることに間違いはない。

コナリーの主張を整理してみると、以下のようになる。すなわち、人種を考慮しない、人種差別のない社会をつくる目標をアメリカはもっているが、リベラル派がこの原則を人種を考慮したアファーマティブ・アクションへと変質させてしまった。保守派は本来の原則を再構築するために、まずはアファーマティブ・アクションを廃止しようとしている。これこそ、キング牧師が差別を排して公正・公平・平等な社会を実現するために取り組んだ公民権運動と同じものである。有名な「私には夢がある」演説の一節にある「私の四人の幼い子どもたちが、肌の色によってではなく、人格そのものによって評価される国に住むという夢」でも表明されているように、肌の色つまり人種ではなく、人格つまり人間の中身、実力によって評価されることをキングは望んでいる。これこそカリフォルニア州の提案二〇九をはじめとするアファーマティブ・アクション廃止運動の神髄だという。このキングの論理からは、アファーマティブ・アクション賛成という意見は出てこないというのが、コナリーの主張である。しかし、コナリーは、キングが晩年になってアファーマティブ・アクションの方向に傾いていったのは承知している。それでも、それは特定の肌の色をもつ人種を対象にしたものではなく、すべての恵まれない人を対象にしたものだと信じている。

人種にもとづくアファーマティブ・アクションを廃止するのは保守思想の原則である。優遇措置は憲法の公平の原則に反するからだ。優遇措置によってダメージを受けるのは、能力によって評価されるべき個人の業績と独立心である。公平に能力が評価されず、依存心が強くなるような政策は禁止すべきであり、これこそ「思いやりのある保守主義」である。人種の優遇は歴史的に一定の期間は必要であったかもしれないが、その有効期間はもう過ぎている。いまや、それが逆効果を生んでいるのだという。以上のようなコナリーのアファーマティブ・アクション廃止理由から、机上のプランではなく、実際の行動として実践され、すでに六州で成功している。少数民族にとってはあなどりがたい人物である。

自助・自立は少数民族にも実行可能

コナリーは黒人大統領が誕生したことについては誇りに思っている。オバマが努力して国の最高指導者にまで登りつめたことを素直に評価しているし、アメリカが肌の色を考慮せずに優れた人を大統領にする国であることにも誇りを感じている。一部の保守派のように、オバマはアファーマティブ・アクション政策によって大統領になったのでアファーマティブ・アクション大統領だ、などとはいわない。しかし、オバマ政権のアファーマティブ・アクションについては批判をしている。まずは、大統領行政命令一三五八三についてだが、これは二〇一一年に発令されたもので、連邦政府の職員の多様性を豊かにするために、つまりは、保守派の解釈によれば、もっと少数民族と女性を雇用するために、社会のあらゆる部門から人材を調達するために省庁間の協力体制をつくるというものである。コナリーにいわせると、ホワイトハウスの主《あるじ》のほか、政治や企業の指導者に多くの黒人がすでになっているのに、脱人種差別主義という約束の地に導いてくれるはずのオバマが、もっと少数民族を連邦政府が雇用することを求めた行政命令に署名したのは理解に苦しむという。人口比一三%の黒人がすでに連邦政府職員全体の一七%を占めているのだ。連邦政府は十分に多様な労働力をもっているとコナリーは主張する。次に、一〇年に成立したドッド・フランク金融改革法の三四二条に明記された多様性条項がある。これは、政府の金融関係の部局に少数民族と女性の雇用を促進するためのオフィスを設置するというものである。コナリーはこの法律を「白人男性排除法」と呼んでいる。

一九九七年に設立されたアメリカ公民権研究所は、非営利団体としての税法上の優遇措置を受けている。常識的にいって、寄付金でまかなわれているそのような団体のトップの報酬は、企業のトップに比べたらケタ違いに低いだろうと思うのが普通だろう。しかし、コナリーがあまりにも高給を食《は》んでいることから、一一年末に退職した直後の元職員から内部告発を受けてしまった。年収がなんと一二〇万ドルから一五〇万ドルというのだ。この元従業員のジェニファー・グラッツは、〇三年にミシガン大学入学選抜のアファーマティブ・アクションを訴えて最高裁で勝訴した原告であり、コナリーも応援したものである。監督官庁である内国歳入庁（国税庁、ＩＲＳ）の規則によれば、非営利団体の職員は過分の報酬を受けてはならない。同じような反アファーマティブ・アクションの二団体トップの報酬をみると、一四万ドルと八五万ドルだという。不適切な支出もあるというので、ＩＲＳの調査を受けてしまった。コナリーは報酬を八五万ドルに下げ、そのなかには調査費なども入っており、不当な額ではないと主張している（『ニューヨーク・タイムズ』二〇一二年一月一七日）。

自らが人種間結婚していることから、コナリーは人種のるつぼの中をもっとかきまぜて、アメリカの多人種・多民族という多様性をもっと豊かにしていくことを考えているのだろう。保守派は一般的に人種の多様性を望まない。それは人種差別、移民排斥などに表れている。その一方で、コナリーは同性愛を容認している。これも保守の哲学とは相容れない。また、入学のアファーマティブ・アクションは認めないが、貧しい学生のために授業料はできるだけ上げるべきではないという弱者の側に立つ。コナリーは学者肌の理論家ではなく、自助・自立の保守哲学を実践する活動家といえる。自助・自立は黒人など少数民族にも実行できる、実行できなければならない、ということを世論に訴える。そして、人種の優遇措置を受けることは、黒人が白人より能力的に劣っていると白人が認識していることを、黒人が認めることであると知るべきだという。いつまでも負け犬でいることは将来の成長・発展を妨げると考え、州民投票や州民提案という合法的な政治活動を通して優遇措置撤廃の実現を図ってきた。もしもコナリーが白人であったなら、少数民族を優遇するアファーマティブ・アクション廃止運動は明らかに人種差別とみなされるだろう。それを避けるために、白人保守派はコナリーに資金を提供して、自らの人種を裏切るようなアンクル・トムに仕立てているのだという、多くの黒人の主張も説得力をいまだにもっている。黒人保守派の考え方をもう少し考察してみよう。その後に、奴隷を解放したリンカンの党を信奉する黒人共和党員について検討していく。

二　代表的な「黒人保守派」の理論家　シェルビー・スティール

白人の人種差別意識と黒人の依存心の追及

シェルビー・スティール（一九四六年〜）は有名な保守的メディアによく登場する代表的な黒人保守派の論客である。博士号取得後に長年勤務したカリフォルニア州立大学サンノゼ校の英文科教授からスタンフォード大学フーバー研究所上級フェローへと移籍した学者である。文学研究から政治社会を論じる道を歩んだことから、白人や黒人の心理分析が微細で、政治行動の根底にある人間の心理をよくつかんでいる。妻は大学時代に知り合った白人女性で、心理療法医をしている。

黒人の父親と白人の母親との混血で、両親が相当努力して白人の多い地区に住み、子どもをできるだけ黒人のいない学校に転校させた。黒人の子どもとして育ったのは確かだが、両親の努力を自分も実践するような人生を歩んだ。双子の兄弟も大学の管理職を務める学者である。息子は映画監督、娘はテレビ関係の仕事をしている。

日本ではすでに三冊の著書が翻訳されているが、邦題の『黒い憂鬱――90年代アメリカの新しい人種関係』『白い罪――公民権運動はなぜ敗北したか』『オバマの孤独――A BOUND MAN』からも想像できるように、アメリカの人種関係を総括するにあたって、白人の人種差別主義者と白人リベラル派の双方への批判、黒人公民権活動家や一般黒人の依存心、負け犬意識などを分析して、黒人が進むべき道を論じている。もちろん「アンクル・トム」というレッテルを貼られることも多いが、主要メディアでは中道路線を歩むものにも登場することがあるので、ウォード・コナリーほどには黒人から憎まれているという印象はもたれていない。しかし、学者として研究が専業であり活動家ではないので、社会運動はほとんど実践していない。政治思想的には共和党に近いが、共和党を代弁するような党派性は明らかにしていない。リベラルな立場にあった大学教授が、白人リベラル派の言動が原因で保守派に転向した思想の軌跡は大変に興味深い。

コナリーと同じくスティールも、人種的に複雑な家庭の出身である。母は白人で、修士号をもつインテリであるのに対して、父は小学校三年の教育しか受けていないが、大変に勉強家であった。トラック運転手として生計を立てていたが、当時の黒人は人種差別ゆえに組合に入れなかったので安い賃金で働かされたという。努力家の父は、廃屋をコツコツと自分で手入れをして、人が住めるようにして貸したり、ガレージの建築、住宅塗装などと事業を拡大していった。母は豊かなユダヤ系の家庭で育ち、ソーシャル・ワーカーを務めながら、当時の代表的な公民権運動組織の人種平等会議（CORE）の活動家でもあった。公民権運動は二〇世紀の前半から活発になってきたが、多くの白人が支援をしていた。その代表的な集団がユダヤ系のリベラル派インテリたちであった。皮肉なことだが、黒人の味方であった公民権活動家の白人インテリこそ、今日の黒人をダメにした元凶と、スティールがみなしている存在である。

両親は子どもを白人の学校に入れるのに相当努力した。一九五〇年代はまだ人種隔離が厳しく、混血でも白人の学校に入学するのは難しかったが、両親はあらゆる手段を使って子どもを黒人のいない中学に入学させることに成功した。それまでの学習の遅れを取り戻すとともに、なんとか周りの白人生徒とうまくやり、友だちをつくることもできたという。しかし、歴史の授業で奴隷制について書かれた内容が、シェルビーにとっては耐えがたいものだった。写真とともに「アメリカの奴隷は働き者でよく可愛がられた。だからこそ幸福な人間だった。そんなめでたい人間だったからダンスと歌が大好きだった」との説明があった。クラスの白人生徒の全員がシェルビーがどんな反応を示すか、興味津々の表情でじろじろとながめていた。いつかはこういう事態を迎えるだろうと恐れていた黒人少年は、すべての奴隷が幸福だったわけではなかったという意味のことを、弱々しい声でつぶやくのが精いっぱいだった。両親からは、自分の意見を述べる時には礼儀正しく、言葉遣いには気をつけるようにと、躾けられていた。

親の主義なのか、本人の自立心なのかわからないが、シェルビーは小学校六年から小遣い稼ぎのために新聞配達のアルバイトを始めている。中学では自分の服は自分で買っていたし、大学での学費のほとんどを自分で払っていたという。アイオワ州の大学在学中は、全学でたった一八人しかいない黒人学生の要求を学長に突き付けるために、学長室に乗り込んで団交を主導したほどの活動家だった。在学中にユダヤ系の白人女性と知り合い、後に結婚することになる。彼女の両親はホロコーストの生き残りだったという。

「黒人（ブラック）」か「アフリカ系アメリカ人」か

シェルビー・スティールは親譲りのがんばり屋であり、困難を自ら克服することが人生であると信じている。これは政治的イデオロギーとは関係ないだろう。コナリーが自分はアフリカ系アメリカ人ではなく黒人（ブラック）であると断言したように、スティールも自らを黒人と呼ぶ。コナリーには多人種という特殊な理由があったが、スティールは黒人という名称に誇りを感じている。アフリカ系アメリカ人という名称には、遠く離れたアフリカの過去の栄光を讃え、望郷の念を表そうとする意味は認められ、また黒人がアメリカの現状に感じる懐疑を解消する手段にはなったが、自己を見据えた上で、人種的脆さと対峙しようとする要素はないという。一九六〇年代に黒人という名称が好まれたのは、劣等感の否認ではなく、劣等感と正面対決しようとしたからだった。つまり、もともと黒人という名称には、自己を誠実に受け入れるという意味があった、というのがスティールの見解である。それだけではない。スティールはアフリカ系アメリカ人の使用に反対しているかのように、次のように明言している。

「黒人」（ブラック）という呼称は、我々の最強の名称だったことを忘れてはならないだろう。なぜなら、この呼称は、我々の恥や疑いを率直に表明し、自分自身（さらには他者）を受け入れるために役立ったからである。ところが、「アフリカ系アメリカ人」という名称の使用は、誤った方法で人種的懐疑を解消しようとする行為にすぎず、我々自身の過去から目を背けようとする行為でしかない。その意味では、この名称は、人種的懐疑を隠蔽する比喩的な名前にすぎない[13]。

特定の集団の呼称について歴史的な議論があるのは、やはり黒人の社会的地位や誇り・自尊心の変化を象徴している。六〇年代の公民権運動ではキング牧師を含めて指導者はもちろん、アメリカ社会も広く「ニグロ」を普通に使用していた。しかし、若者などの黒人過激派が、黒人も白人に対抗するために権力をもつべきだという強い意志を示すために、「ブラック・パワー」を提唱、それにともなって黒人をブラックと呼ぶように求めた。なぜキングや公民権運動指導者がブラックを避け、ニグロに固執したかというと、この言葉が白人を刺激して、黒人が白人に反抗しているように響くと考えたからだ。時代とともにブラックが一般的になったが、八〇年代末にジェシー・ジャクソンらによって提唱されて以来、今日ではブラックとともにアフリカ系アメリカ人が主要メディアでも同じように広く使用されている。しかし、黒人はかつてアフリカから強制的に奴隷として連れてこられた人々なので、アフリカ系アメリカ人は適切な呼称ではあったのだが、今日ではカリブ海諸国からも黒人がアメリカに移民として入国して、「カリブ海系黒人」としての集団を形成しているので、この呼称にしっくりいかない人々が出てきたのだ。スティールとは違う理由から、アフリカ系アメリカ人とは呼ばれたくないのは当然である。ちなみに今日では、「レギュラー・ブラック」を使う若者がいる。アフリカから移民してきた奴隷制を知らない黒人、そしてカリブ海系黒人と区別するためである。

多人種・多民族で多文化主義時代のアメリカでは、各人種や民族の呼称までもが、歴史的な背景によっては変化を経験する。黒人かアフリカ系アメリカ人かの問題は黒人内部の意見対立であったが、その根底には白人の人種差別主義に対して黒人がどう対応していくべきか、将来の方向に関する見解の相違も表しているといってもよい。そうすると、当時のスティールは黒人過激派のようにブラック・パワーを唱えたわけではないが、少なくとも白人と波風を立てないようにと考えた黒人穏健派とは違う。また学生時代には黒人学生の代表として、大学当局との団体交渉にも参加した。どうみても、黒人リベラル派の一員である。本人も一九八〇年代末までは、自分は政治的にはリベラルだったという。大学教員であった時、白人リベラル派の女性教員の勝手な行動がスティールの人種的誇りを傷つけ、白人の参加してきた公民権運動などのすべてに疑問をもつようになり、結果として白人から「黒人保守派」のレッテルを貼られるようになったのだ。今日の民主党のリベラル派を含めて、黒人運動を支援してきた白人リベラル派の本当の姿を考えるうえで、スティールの確立した黒人保守派論は興味深い。

なぜ「黒人保守派」になったのか

一九八〇年代の初め、シェルビー・スティールはカリフォルニア州立大学サンノゼ校英文科の教員をしていたが、ある白人女性教員がエスニック文学の科目を新設することを教授会に提案した。その理由は、サンノゼ校の学生は多文化的であり、学生にとって自分たちの文化的経験が文学のなかで叙述されていることを知るのは価値があるからというもの。作家の卓越性を尊重するスティールがこれに反対なのは、まずはこの授業が文学的卓越性に関する西洋的理解とは異なること。次に、エスニック文学では結局のところ、人種であれ、エスニシティであれ、その文学がこれまで抑圧されてきた非白人を取り扱っているならば、包摂性があるというだけで文学的価値があるとみなされ、優秀な文学作品になると考えられていたからだ。これに対してスティールは、マイノリティ作家の文学作品はその優秀さだけを基準にして、主流文学の授業で教えられるべきだという立場であった。

女性教員の提案に対して、シェルビー・スティール以外の白人教員は全員が意見を求められ賛成した。スティールに対しては、彼女は「シェルビーの意見を聞く必要はないでしょう。彼ならわたしと同意見です」といったのだ。黒人教員なので、この科目に反対するわけがないと勝手に思い込んでいるのである。これに対してスティールは激怒し、謝罪を要求したのは無理からぬことである。ところが、彼女はこんな言い訳を述べたのだ。「あなたの意見を聞こうとしなかったことについては謝罪します。でも、黒人男性がこのようなクラスにどうして反対できるのか、わたしにはさっぱりわかりません。だってとりあげる作家の半分は黒人なんですよ。あなたは自分の同胞を裏切っているんです[14]」と。

スティールにとって、この白人リベラルのインテリが黒人のことをどう考えているかについて初めて気づいた瞬間だったという。そして、自分自身の学問に対する姿勢が「黒人保守派」のものとみなされたことにも気づいた。黒人保守派という表現はどのように生まれたのか、スティールの説明をまとめるとこうなる。大学ではエスニックという言葉が魔力をもつようになったのは、白人の人種差別主義に対する罪から距離をおかせてくれるものであり、また偉大な西洋文学の基本的重要文献に潜んでいる人種差別主義や偏見に気づかずにそれをそのまま教えている教員たちからも距離をおく言葉だった。したがって、たとえばエスニック文学の科目を設けることは、社会的美徳とみなされることになる。この新しい道徳的観念の誕生によって、それに反対する黒人は保守派とみなされただけではなく、悪徳と同一視されることにさえなったという。アメリカの恥ずべき人種差別の歴史から距離をおきたいという白人の願望から生まれた社会的美徳から、人種差別の被害者でもある黒人が槍玉に挙げられ、糾弾される結果になったということなのだろう。

一九九〇年代に入り、大学がますます左傾化し、スティールは疎外感を強めて大学を退職することになった。一九九〇年に出版した最初の著書『われわれの人格の中身——アメリカにおける新しい人種ビジョン』（邦訳『黒い憂鬱——90年代アメリカの新しい人種関係』）で、キング牧師がワシントン大行進で述べた有名な「私には夢がある」演説の一節、「自分の子どもが肌の色ではなく人格の中身によって評価される夢」からタイトルを採用したことからわかるように、黒人として公民権運動がはたして正しい方向を歩んできたのか、黒人は運動の成果を正しく享受しているのかを検証した。アファーマティブ・アクションの誤り、黒人指導者への批判、黒人自身が依存心を強めていること、被害者意識を強めて自立が困難になっていることなど、黒人に関する多くの問題点を指摘した。

スティールが「黒人保守派」として世間からレッテルを貼られたのは、二〇〇六年に『白人の罪——なぜ黒人と白人はともに公民権運動時代の約束を台無しにしたのか』（邦訳『白い罪

——公民権運動はなぜ敗北したか』）を出版してからである。黒人の指導者はもちろん白人リベラル派をも徹底的に指弾したため、両者を敵に回してしまった。一般の黒人は、黒人の研究者から自分たちの窮状の責任を問われて、これまでの運動はなんだったのかと、運動に幻滅してしまい、今後どうすればよいのか戸惑ってしまった。白人保守派は、新しいタイプの黒人保守派をどう扱ってよいのか困惑したといわれている。そういう意味では、これまでの黒人保守派とは異なる黒人論客が出現したといえる。

大統領選挙では共和党候補を支持したが、スティール自身は自分が保守だとはみなしていない。自由市場を信じる、つまり小さな政府を支持するが、社会・道徳問題についてはリバタリアン（自由至上主義）の立場であり、妊娠中絶や同性愛には理解を示す。争点によってはリベラルの立場を支持するということである。そこで、スティールの公民権運動、白人リベラル派、一般黒人などについて、どのような見解をもっているかを紹介したい。

公民権運動の再考

シェルビー・スティールは現在の黒人社会の問題点を次のように指摘する。黒人は異常なほど高い犯罪率、学力低下についての責任を自ら取り、白人に課せられたという社会システムへの苦情をいいかげんに止めること。また白人に対しては、自らの犯した人種差別を償うためのアファーマティブ・アクションをはじめとする人種に関する政策を止めるよう求めている。こうしたことは公然と主張しても、賛否はともかくとして、意見としてはそれほど違和感はないだろう。

しかし、黒人が同じ黒人の劣等感や劣等性について語るのは簡単なことではない。スティールの分析は、かつて文学研究をしていた鋭い観察眼をもった学者なればこそという内容をもっていると思う。奴隷制の時代から今日まで、黒人が人種的に劣等であるということは、人種差別を正当化する学者からよくいわれてきた。人種隔離の時代には、白人と対等に競争することを許されなかった黒人は、白人と比べて自分たちが劣等であるということを考える必要はなかった。同じ土俵に立つことがなかったので、比較されることがなかったからだ。ところが、公民権運動の成果によって、黒人に多くの門戸が開かれるようになり、自分の能力を発揮する必要が出てきた。黒人が劣等でないことを証明しなくてはならない。

すべてを抑圧する側の責任にできるという忍従の日々が終わり、自由に裏づけられた厳しい責任の時代が来ると、黒人は無意識のうちに自己懐疑的になってしまう。それゆえに、社会で受ける実害が減っているにもかかわらず、黒人の多くは自分の能力への自信を失ったり、被害者意識を克服できないでいる。スティールはこうした状況を、黒人が進んで抑圧を再現しているという現実とみなし、これこそが完全な平等の実現を阻害している最大の障壁であると主張している。しかも、公民権運動指導者もそういう状態を肯定し、さらなるアファーマティブ・アクションを要求しているので、黒人自身もなかなか、かつての被害者意識から抜け出せないという。運動で獲得した自由が黒人を拘束し、再び被害者の立場に追い込んでいるとは、なんと皮肉なことだろうか。

今日のアメリカで黒人最大の問題は自由である、とスティールは主張する。黒人の自由と劣等性を関連づけて論じる点は大変にユニークである。自由は黒人に何を教えているのかというと、他の集団と平等に競争していくに際しての自分たちの未発達さと無能力さであるという。加えて、劣等性までも意識せざるをえなくなっていれば、自由からの逃避が起きてしまうこともありうることだろう。劣等性をもたざるをえないところまで抑圧された集団が、新たに出現した自由という現実を前にしたなら、心の準備がないままにひるんでしまうのはやむをえないだろう。この劣等性については集団的なものと個人的なものがあるが、黒人の集団的劣等性については、アメリカが国家として奴隷制、その後の人種差別、抑圧や不正を実施してきたこととなんらかの関係があることは周知の事実である。「国家がたとえ不完全でも、白人の過去の罪を認定し、これを是正することは、アメリカの精神や国益と合致していると思う」[15]とスティールは述べる。したがって、白人の先祖が犯した不正に対する最低限の代償として、アファーマティブ・アクションの原則については、それを容認している。

ところが、黒人指導者たちは、まず白人がより重い責任を担わなくてはならない、その後でなければ黒人が平等な地位を獲得することはできない、と主張した。黒人は自助努力で成功することはできないというのだ。黒人の劣等性を主張しているのと同じである。連邦政府でも「機会の平等」ではなく「結果の平等」が重視されるようになった。アファーマティブ・アクションは本来、積極的な差別是正策であったはずだが、人種による優遇政策となっていった。スティールにいわせれば、アファーマティブ・アクションは黒人に対して、きわめて明快にこう告げているという。「あなたたちは白人と同じ基準で競争する必要はありません。なぜならば白人と同等の優れた成績などなくても、アメリカの社会制度はあなたたちを迎え入れてくれるのですから」[16]と。

公民権運動の目標は法の下での平等であったはずだが、黒人指導者は黒人の向上に対する責任を白人あるいはアメリカ社会に転嫁するようになった、とスティールはいう。公民権運動で獲得した自由をしっかりと自分の手につかみとり、黒人が自らを磨いて差別を乗り越えて向上する道からはずれだしたのだ。アメリカ黒人は、創意工夫や想像力、そして勇猛果敢さで過酷な奴隷制と人種隔離制度に耐え、数世紀にわたって生き残ってきたのに、どうして簡単に自らの責任を放棄してしまったのだろうか、とスティールは嘆く。黒人指導者はなぜ、自分自身の生活向上のためには黒人も相応の責任を分担すべきだ、ということを黒人に対して主張しなかったのだろうか。

白人の罪悪感と人種的優遇措置

白人といってもさまざま思想的立場があり、全体像を色づけすることができないのはもちろんである。しかし、スティールによれば、六〇年代以降、白人はそれまでの人種差別について罪悪感を抱くようになったという。公民権運動の成果といえるだろう。一九六四年の公民権法そのものが、白人自らが犯した罪の容認だったという。黒人に白人と同等の権利を与え、黒人のためにもろもろの法律をつくったのも、罪に対する贖罪を求めようとする白人の声が、無言の圧力としてあったからだ。その贖罪行為の一つにアファーマティブ・アクションがある。黒人としても、白人の罪悪感に依存し、それを利用しようとした。

スティールによれば、このアメリカ白人の罪悪感は、新たな社会的道徳をつくりだし、人種差別が恥じ入るべきものなのだという感覚を一般化させた。白人と社会制度は、何もしないでいると、人種差別という汚点（スティグマ）がついてしまう。あるいは、そういう烙印を押されてしまう。白人個人としては、自分は黒人の友だちをもっているとかいって、その疑いをかけられないようにしなければならない。大学や企業などの社会制度においては、人種的多様性を取り入れているだけでなく、人種的優遇措置を取るようになっている。そのために、その恩恵を受けている黒人は、他人と互角に競争する能力を失い、自助・自立の努力をする自信を失ってしまう。アファーマティブ・アクションのような人種的優遇措置がないと、公平さを獲得できないと信じ込むようになってしまったという。白人の罪悪感から生まれた公民権法などの人種差別を禁止する法律によって、黒人のために優遇措置が取られ、その結果、黒人の無力感を助長し、逆に黒人の自尊心を弱めたのである。

白人の罪悪感が生まれた一つの要因には、残酷な人種差別と民主主義社会の原理原則を裏切り、自由を愛しつつもそれを非白人には否定するという道徳的偽善があった。そして、黒人に関するかぎり、その責任を追及することは彼らを抑圧することと同義になった、とスティールは指摘する。しかし、その一方で、白人社会が失った道徳的権威を取り戻すために、あるいは人種差別主義者ではないという免罪符を黒人からもらうために、両者の間で取引がさかんに行われているという。

たとえば、主流社会で成功しようとする黒人はこんな約束をする。「あなたが私の人種をこちらの不利になるよう利用しないと約束するならば、私もアメリカの白人が強いてきた人種差別の恐ろしい歴史をあなたに対して利用したりしません[17]」と。つまり、この取引を申し出た黒人は、白人たちが黒人に善意や寛大さを示す見返りに、白人たちに人種差別の罪に関して免罪符を与えるのだ。黒人はこの免罪符を白人同僚に贈り物にすることもできるだろう。人種差別がいまや最大の恥とされているアメリカ社会では、白人の罪悪感と免罪符を求める心情を利用すれば、黒人は力を得ることができるのだという。

次に、白人リベラルが今日の黒人とどのような関係にあるのかを考えてみたい。多くの予想に反して黒人大統領が誕生したことも、白人リベラルの支持なしにはありえなかったことだ。歴史的にみても、公民権運動の初期から白人がかかわってきたことは周知の事実である。運動の過程で白人と黒人との対決や衝突もあった。一九六四年公民権法の成立について、スティールは白人が人種差別の罪ほろぼしのために黒人に贈ったという意味のことを述べているが、どれだけ多くの黒人活動家たちが血を流したかを振り返れば、この見方はあまりにも黒人の貢献を軽く考えすぎている。とはいえ、彼自身もかつてはリベラルであったのが、所属する大学のリベラルな女性教員と授業科目をめぐって対立して退職してからは、白人リベラルには疑いの目を向けるようになったようだ。概して、六〇年代後半の大学キャンパスで活躍した学生や教員などが、戦争、人種差別、性差別などで罪を犯していないリベラル派のエリートとして出現し、その後も公民権運動にもかかわってきた。大学や社会制度での多様性を主張し、その実現のためにアファーマティブ・アクションを支持する。しかし、スティールの観察は鋭く、この多様性は「エリートの思いついた「進歩的」概念であり、アメリカ的土壌自体から自然に生まれたものではない。それゆえ、この考えを支持するということは、それだけでエリートであるという自負をもっているということになる」[18]という。

そもそも白人リベラルはパターナリズム（温情主義、父権主義）をもっている。彼らの見方には、黒人の向上を促進するのは黒人自身の努力ではなく、白人であり社会である、と考える傾向がある。ここに白人優越主義が生まれてくるのだという。白人リベラルは結局、黒人の能力を信じることができず、白人の力だけを信じなければならない。白人がつねに主体となり、黒人はつねにその主体が働きかける対象でしかない。そして、「ポスト六〇年代のアメリカのリベラリズムは、黒人のうえに白人が立つのが美徳であるという古の人種主義的ヒエラルキーをそのまま維持したものだった」[19]と、驚くべき結論をスティールは導き出している。

オバマをどう評価しているか

シェルビー・スティールはイデオロギー的にはオバマとは相容れないことが多いのは当然だが、お互いに白人の母をもつ混血としての人生を共有しているためか、オバマ批判はそれほど厳しくない。本書で引用している『オバマの孤独』は、原題は『板挟みの男（ア・バウンド・マン）――なぜわれわれはオバマに興奮しているのか、なぜ彼は勝てないか』というものである。本の発行は二〇〇八年の大統領選挙投票日の前なので、ひょっとしたら黒人大統領の誕生がありうるかもしれないという含みをもたせたのかもしれない。しかし、本の中では当選するとも落選するとも書いていないのに、副題で当選しないと断定してしまったので、当選後にスティールは「副題は販売上の理由で工夫したもので、三〇秒ほどで考えたもの」と言い訳をしている。おそらく出版社からの要請があったのだろう。

問題意識としては、オバマが白人からも黒人からもなぜ支持されているかを論じる一方で、従来と同じように公民権運動の黒人指導者への批判、黒人が自立心や自尊心を喪失していることを考察している。オバマが人種を超えて熱狂的な支持を得ている背景には、オバマ個人の人格、魅力によるところが大きいが、白人が黒人に対して差別を繰り返してきた罪悪感があるという。原題の「板挟みの男」の意味は、きちんとした説明はないが、白人と黒人双方の利益が相反するので、両者の板挟みになっている状態、あるいは両者によって縛られている状態にある人を表現しているようだ。つまり、白人の支持を得るにはいろいろな取引が必要であり、また黒人の支持を得るには、白人が反対するアイデンティティ政治（社会的に抑圧されているアイデンティティ集団であるマイノリティ、同性愛者、障害者などの利益を代弁する政治活動）を実行しなくてはならないが、両者の相反する利益をどう調整していくか、きわめて困難な課題を解決しなくてはならない。

スティールは、白人がオバマに絶大な支持を与えているわけをこう説明する。

オバマは白人から何かを受け取る前に、白人たちに免罪符を授ける。白人たちは、オバマが信頼を寄せてくれることを喜び、自分たちが品格ある振る舞いをすることで、あえてオバマが自身の政治生命を危険にさらして白人社会に接近してくれることに感謝する。オバマがそうした白人との信頼関係を築き上げ、政治家としての力に変えたことも、われわれは知っている。[20]

オバマは出馬当時、黒人らしくない黒人だといわれ、公民権運動指導者たちの支持を得られなかったが、支持を得ようとしてとくに黒人に向けて大きな手土産をもって行ったということはないし、白人に対しても免罪符を乱発して支持を拡大したこともない。できるだけ人種を政策テーマからはずしたことが、黒人大統領誕生というアメリカ史上の大事件を引き起こしたのだ。スティールはオバマが自分の信念ではなく、仮面をかぶって成長してきた人だが、人々は彼にシンボルであることを期待しているという。そしてオバマが浮上してきたのは、「黒人と白人の融和の象徴として彼が必要とされているからだ。彼がここまで成功してきたのは、その必要性がどんどん大きくなったからだ[21]」と積極的な支持を与えている。といいつつも、その一方で、そうした魅力は、彼が転落する理由にもなりうる、本来の人格や信念から遠ざかろうとするからだ、と成功に水を差すような言葉も忘れない。

融和の象徴として当選したはずのオバマ大統領だが、黒人と白人の融和はいっこうに進まない。かえって関係は悪くなっているかもしれない。スティールが大統領当選後のオバマについて述べた内容から、今日の人種問題でそのような役割を果たしているのかを考えてみよう。まず彼は、オバマが連邦最高裁判所の裁判官にヒスパニック女性のソニア・ソトマイヨールを任命したことを非難した。すでに述べたように、スティールはオバマが「黒人と白人の融和の象徴として必要とされている」として、大統領選挙で有利になっていることを著書に書いている。また、オバマ自身もできるだけ人種問題を避けて選挙戦を戦い、就任後も黒人を優先的に政策対象にするような姿勢を見せなかった。ところが、ソトマイヨールがかなりのリベラルで、アファーマティブ・アクションを強固に支持する経歴であったため、スティールはこの人事がアイデンティティ政治だとして反対した。オバマは人種を超えることを目指しているのだから、人種の要素を判決に取り入れるであろう裁判官を任命すべきでないというのだ。

フロリダ州で、黒人少年トレイボーン・マーティンが武器をもたずに住宅地を普通に歩いているのを見たヒスパニックの青年ジョージ・ジマーマンが、怪しいと判断して銃殺したのに無罪となった事件でも、スティールは、黒人公民権運動の指導者やメディアが、過去にあった人種差別による殺害と同じように大げさに扱っているのに疑問を呈している。この事件は不条理で悲劇的な出来事ではあるが、多くの黒人少年が一番恐れていることは、同じ黒人の少年から襲撃されることだ。あまりにも高い黒人男性の犯罪率に対処することも重要だ、とスティールは述べている。フロリダ州の自己防衛法では、自分が身の危険を感じたら銃を撃ってよいことになっている。その立法の根底には、白人による人種差別意識がいまだに根強く残っている、という黒人側の疑念がある。黒人の犯罪については、人種差別と関係がないとは断定していないものの、スティールは黒人コミュニティが真剣に取り組むべき問題と信じている。

スティールは黒人保守派として、人種問題を論じることで論壇に登場したのだが、近年では政治・外交についても保守的な立場から意見を述べている。代表的保守の新聞『ウォール・ストリート・ジャーナル』にはよく寄稿しているが、オバマの外交を批判した「オバマとアメリカ例外論の重荷」（二〇一一年九月一日）では、白人保守派とほとんど変わりがない立場からオバマ外交について述べている。オバマが、大きい政府、富の再分配、ウォール街批判の姿勢が鮮明になっていることから、リベラルな大統領になったことに懸念を示す。そして、アメリカが建国以来、特殊な使命をもった例外的な国で、他の国とは異なる立場で世界を指導していくことが期待されているという、「アメリカ例外論」（シーモア・M・リプセット『アメリカ例外論』〔上坂昇・金重紘訳、明石書店、一九九九年刊〕を参照されたい）あるいはアメリカ例外主義に批判的であることを問題視する。たとえば、オバマ外交は「後ろから指導する」と保守派からよく揶揄されてきたのだが、その原因はオバマの反アメリカ例外論からきているという。

アメリカ例外論は、アメリカ国民の獲得した自由、自助・自立、責任、努力、積極性などが総体としてつくり上げられたもので、アメリカを偉大な国家にしている礎である、とスティールは指摘する。オバマを弱い大統領にしている原因は、彼が自国民に自信をもっていない、自国民を信頼していないことからきている。自国民にもっと困難な要求をして、アメリカをもっと強い国にすべきである、とスティールは主張する。アメリカ例外論に関する見解では、スティールは人種を正面から論じてはいないが、アメリカの諸個人の努力の積み重ねで強い国アメリカが成り立っていることを主張することによって、オバマに間接的ではあるが、黒人の自立心を強めるような政策を取るように求めているようにも受け取れる。

スティールは今後、あまり人種問題について発言しないかもしれないが、最初の著書『黒い憂鬱』の最後の文章（二三〇〜二三一頁）が大変示唆に富んでいるので紹介しておく。キング牧師が暗殺される前夜の説教で、山頂から約束の地を見たかのように語り、「私は諸君とともに約束の地には到達できないかもしれない」と言い残している。その言葉を今日の黒人がどう解釈すべきかについて、スティールはこう述べている。

その約束の地で、泥沼に足元をすくわれているのが我々黒人であるとは思わない。私は、毎日いたるところで我々が自由である証拠を目撃する。キング牧師が立った山頂を越え、彼が見た約束の地に向かっているのが今日の黒人なのである。そして、今、我々黒人が知っておくべきことがある。それは、この地上に約束されたものはなく、約束を自分のものにする機会しかないということである。そう、約束の地は、何かを保証することはない。約束の地で保証されているもの、それは、救済ではなく、機会なのである。

三　黒人保守思想のカリスマ的指導者　トマス・ソーウェル

マルクス主義者からカリスマ的な保守思想家へ

歴史的人物としては黒人保守派の代表としてブッカー・T・ワシントンが取り上げられるが、現代の保守思想の最高峰にいるのはトマス・ソーウェル（一九三〇年〜）といってよい。その学識の高さ、広さ、深さは他との比較ができないほどで、まさに博覧強記そのものである。本来は経済学者であるが、政治、経済、社会、文化など、多くの分野で鋭い知見を披露している知の怪物である。苦学生としてハーバード大学を卒業、コロンビア大学で修士号、シカゴ大学で博士号を取得、いくつかの大学で教壇に立ち、八〇年以降スタンフォード大学フーバー研究所上級研究員として学界、政界、社会ににらみをきかせている黒人保守学者の大御所だ。

ノースカロライナ州の貧しい家庭に生まれたが、トマスが生まれる直前に父親は病死してしまった。すでに四人の子どもを育てていた母親は、メイドの収入ではトマスを育てる余裕がないので、親戚の家に養子に出した。ソーウェル家では六年以上学校に通った人は誰もいないほど、貧しかったし教育にも関心がなかった。ニューヨークのハーレムに引っ越してから、いろいろなアルバイトをしながら学校に通わせてもらったが、家庭の事情で一七歳で学校を退学せざるをえなかった。朝鮮戦争（一九五〇〜一九五三年）で徴兵され海兵隊所属となった。

除隊後ソーウェルは、ワシントンDCで政府の仕事をしながら、黒人のハーバード大学といわれているハワード大学（歴史的黒人大学＝HBCUの名門中の名門で、多くの黒人学者や指導者を輩出した）の夜間コースで学んだが、成績優秀なので推薦でハーバード大学に編入学した。ここで本格的に経済学を学び、きわめて優秀な成績で卒業した。マルクス主義の洗礼をどのようにして受けたかは述べていないが、著書『マルクス主義』（未邦訳、一九八二年）の序文で、ハーバード大学の卒業論文でマルクス主義について書いたと記している。その後、経済学を専攻し、コロンビア大学で修士号を取得、六〇年から翌年まで労働省に勤務したことがあり、ここで政府による社会主義的な政策のまずさを実感し、右傾化していったようだ。シカゴ大学で博士号を取得して、ハワード、ラトガー、コーネル、ブランダイス、アマースト、カリフォルニア大学ロサンゼルス校（UCLA）などの有名大学で教鞭をとり、一九八〇年からフーバー研究所の所属となった。

二〇代のころマルクス主義者であったことを明らかにしているソーウェルだが、左翼団体に所属して社会活動をしたわけではなく、マルクス主義に傾倒して研究をしたということのようだ。二〇〇二年に『キャピタリズム・マガジン』（ウエブ版一月二日）に「マルクス主義から市場へ」という短いエッセーで、左翼から保守へ転向した理由について、要旨次のように述べている。

人間の行動についてどう考えるかについて、自分の哲学はそれほど変わってはいない。マルクス主義者であったころ、自分の最大の関心事は普通の人々の生活がもっとよくなるべきであるということだった。この考えは今でも同じだ。社会主義の国々が誕生したが、多くが失敗している。一番わかりやすい例が、西ドイツと東ドイツである。同じ民族、同じ文化背景、同じ歴史をもつ国でありながら、一方は自由主義、他方は共産主義の道を歩んだことにより、人々がそれぞれの政府から得たものがどれだけ違ったかである。社会主義政権のもたらした最悪の結果は、けっして経済的な不効率だけではない。マルクス主義は不平等を是正しようとしているが、同時に政治的不平等を強化している。普通の人々の生活がもっとよくなるべきだという若いマルクス主義者の私が抱いた願望は、いまも変わっていない。その後の経験から学んだことは、それを実現するには自分の思っていた社会主義の方向とはまったく別の方向に向かわなくてはならないということだった——。

こうした主義・主張をもった黒人学者は、共和党にとっては是非とも活用したいところだが、ソーウェルは共和党との関係は現在でもないようにみえる。一九八一年にロナルド・レーガン政権が誕生した時には入閣の打診があったといわれるが、彼は断っている。その前にもフォード政権、ニクソン政権からも誘いがあったのを断ったとされる。レーガン政権のさいには経済政策の諮問委員になることを承諾したが、自宅のカリフォルニアからワシントンに行くのが大変だといって、会議に一回出席しただけで辞任してしまった。政治的野心はないのかもしれない。

ソーウェルが他の黒人保守派と大きく異なる点は、自分自身に関することは徹底して秘密にしていることだ。学者として公人の立場にあるので、大体の履歴は公開しているが、家族のことはまったく秘匿している。芸能人などのプライバシー暴露などで有名な雑誌『ピープル』によると、ソーウェルは一度離婚して白人女性と再婚しているという。彼の著書に何冊も目を通したが、個人的なことはまったく書かれていない。もちろん、ブッカー・T・ワシントンやウォード・コナリーが書いたような自伝もないし、シェルビー・スティールのように自分の思想的遍歴を自分史のように書いた作品もない。すべてが理論書や研究書である。雑誌向けのエッセーで思想の転向について書いた文章でも、プライバシーにかかわる個人的なことは述べていない。『ピープル』によれば、フーバー研究所の個人オフィスには名札もなく、電話番号も公表していないという。

九割前後が民主党を支持している一般黒人は、ソーウェルのような反黒人の主張をする学者には関心がないし、黒人メディアも無視することが一般的である。たとえば、黒人の一般誌として有名な『エボニー』は、毎年アメリカで最も影響力のある黒人をリストアップするが、四〇冊以上の著書があり保守系の有名な新聞・雑誌に定期的に寄稿している思想家トマス・ソーウェルを取り上げたことがない。アンクル・トムとみなされているからだろう。

人種差別と黒人の貧困は関係ない

マイノリティの支持者を増やしたい、あるいは批判をかわしたいと考えている共和党だが、黒人他のマイノリティに対する社会政策、とくに貧困対策や福祉政策を党内事情やイデオロギー上の理由から民主党のようには寛大に実施できない。そのために、共和党は民主党に比べたらマイノリティに冷たい、あるいは差別的であるという評価を少しでも是正していく必要に迫られている。そのためには、ソーウェルのように黒人でありながら、人種差別と社会的な身分、つまりは貧富の差とは関係がないのだと学問的な立場で主張してくれる人を是非とも取り込みたいところである。アンクル・トムといわれようが、共和党の政策を理解してもらうための広告塔としてソーウェルのようなマイノリティを、党としてはもっと活用したいのだ。たとえば、「もしも貧困の唯一の原因が人種について頑固な敵対感情（ビゴットリー）であるとするなら、ユダヤ系と日系が最も豊かなエスニック・グループになれるわけがない」などと主張してくれるのだから、保守派にとっては、自分たちの政策の正当性を証明してもらっているようなものである。

ソーウェルのエッセーは、多くの新聞・雑誌に同時配給されているので、同じエッセーが別々の雑誌に掲載されていることが多い。寄稿している主な保守系のウエブ・メディアとしては「タウンホール」（保守的なシンクタンクとして有名なヘリテージ財団から独立したが、思想的立場はあまり変わらない）、「ヒューマン・イベント」「ウォール・ストリート・ジャーナル」などがある。黒人保守でこれだけ広く、今日の政治・経済・社会について言論活動をしている人は少ない。これらは有名なメディアだが、保守系であるために、一般的な知名度はメディアへの露出度とは比例していない。ソーウェルは保守の立場であるのは間違いないが、リバタリアン（自由至上主義）的な主張も強い。アファーマティブ・アクションや最低賃金制度に反対するのは保守と同じだが、すべての薬物所持・使用を犯罪扱いしない薬物の自由化を支持している点などは、まさにリバタリアンである。その他でも、常識的には極論としか思えない意見の持主でもある。アメリカを経済的な大恐慌から救ったニューディール政策は経済を悪化させたというし、環境的に問題があるとして殺虫剤ＤＤＴの使用が禁止されたことにより、マラリアで数百万人の命が失われたと嘆く。地球温暖化についても、科学研究費をほしい学者の作り話だといって信じていない。私生活でも学問研究においても、ソーウェルはきわめてユニークで孤高の学者であるようだ。

ソーウェルは自分が黒人だから云々という表現は使っていない。これも他の黒人保守派の論客と違う点である。彼の書いたものを読むと、筆者の人種を感じることはない。では、黒人についてどう考えているのだろうか。

黒人保守派に共通しているのは、白人の、とくに公民権運動で共闘した白人リベラル派のお情けに依存していると、黒人は人間として駄目になってしまう、いや実際にそうした傾向がすでに表れているのではないか、という危機感をもっている。言葉を換えていうなら、過去の奴隷制度について現在の白人に責任を負わせることはできない、と黒人保守派は考えているようだ。ソーウェルの基本的な考え方は、黒人は自らの努力によって貧困から脱出できるし、そうすべきであるとする。黒人がゲットーで貧困の罠にはまっているのは、外国から来た移民と同じように、二〇世紀に入って南部というアメリカの貧困農村地帯から北部の都市へ移住してきたことが理由の一つであるという。それから現在は二世代か三世代が経過したところである。このことは、たとえばアイルランドからの移民がアメリカにやってきて、第三あるいは第四世代になって政府の援助を得ることなく貧困から脱出できたように、次世代の黒人はもっとアメリカ社会の主流に入って行けるのではないかと見通している。

出身国からくる違い

あるエスニック・グループがアメリカで自らの経済状況をどれだけ速く向上あるいは前進させていくかは、差別があるかないかだけで決まるわけではなく、仕事上の能力をどれだけもっているか、とくに社会が必要とする仕事の能力、技術がどれだけあるかによって決まると、ソーウェルは考える。これは誰しも認めることだが、黒人が奴隷であったことの遺産、負の遺産が解放後から今日に至るまで、黒人の進歩を阻害してきたことは疑いのないところだろう。奴隷制のもとでは前進などありえなかったし、黒人奴隷としては主人から懲罰を受けないようにすることに知恵を発揮することが多かった。解放後は、それまで賤しい仕事のみをさせられてきた黒人は、そうした仕事に強い拒否反応を示すようになった。これも当然の成り行きだったろう。そのために、賤しい仕事から身を起して富を築いていった移民と黒人との格差が広がっていった。

祖先が同じアフリカから奴隷として連れてこられた黒人であっても、アメリカ合衆国ではなくカリブ海地域や中南米で奴隷となった例も多い。イギリス、フランス、スペイン、オランダなどの植民地である。近年では、アフリカはもちろんカリブ海諸国からアメリカに移民する黒人が多くなっている。外国生まれの黒人は、黒人人口全体の一割近くになっているという。なかでも、イギリス領であった西インド諸島のジャマイカ、バルバドス、トリニダード・トバゴなどからの黒人移民は、奴隷制時代から白人所有者が本国にいることが多く、奴隷にかなり自治がまかされたりした歴史があるので、解放後も心理的に黒人の劣等感をもつことが少ないとされる。自立心も当然強い。そうした違いから、カリブ海諸国からの黒人はアメリカ社会に容易に溶け込み、アメリカ生まれの黒人より成功する人が多いといわれる。ユダヤ系と日系も移民当時は差別を受けたにもかかわらず、それを乗り越えて豊かな集団になっている。ソーウェルは、そうした差別を受けたマイノリティが社会的に成功しているのだから、黒人もそれを見習うべきだというのだ。もちろん、差別といっても、約二〇〇年の奴隷制とその後の人種分離など、黒人の受けた差別はユダヤ系・日系などのマイノリティの受けた苦難とは比較できないかもしれないのだが。興味深いのは、カリブ海諸国からの移民にしろ、アフリカからの移民にしろ、両者ともアメリカ生まれの黒人とは距離を置く傾向があることだ。白人による黒人差別には共通して反対するが、人生観や職業観、文化的背景の差は大きいので、アメリカ生まれの黒人と交わることが少なく、住む地域も別のことが多い。

所得の差が人種や差別の有無が原因ではなく家庭環境であることを証明するのに、ソーウェルは面白いデータを示している。それは、ある家庭が新聞・雑誌を読んでいるか、図書館利用カードをもっているかも、家庭の所得を決める要因になっているという。数字が少し古くなるが、一九六九年当時、新聞・雑誌、図書館利用カードのある家庭の黒人男性は、同じ学歴で同じ条件の家庭に暮らす白人と同じ所得を得ていた。また、一九七〇年代の南部以外に住み、夫と妻のいる家庭の所得は、同じ条件の白人家庭と比べて所得の差はない。さらに、一九八一年には、アメリカを全体的にみて、夫婦とも大学卒業で共働きの黒人家庭の所得は、同じ条件の白人家庭をわずかに上回るという。[22] ソーウェルは超一流の経済学者であるから、間違ってもデータを誤操作することはないと思うのだが、アメリカ社会を長年観察してきた者にとっては、大卒の黒人夫婦の収入が同じ条件の白人夫婦を上回るというのは、にわかには信じがたい。常識的には、黒人共働きの家庭の所得は、夫だけが働く白人家庭と同等のことが多いといわれているからだ。とはいえ、黒人の大卒カップルはごく少数のエリートになるので、高所得を得ていて、白人カップルを上回るのかもしれない。いずれにせよ、学歴や家庭環境が同じであれば、人種・民族的な差別からくる所得差はほとんどない、というのがソーウェルの結論である。

黒人の自尊心を傷つけるアファーマティブ・アクション

黒人保守派は皆アファーマティブ・アクションには反対である。しかし、反対の度合いとか具体的な反対理由には違いもある。たとえば、すでに紹介したスティールによれば、アファーマティブ・アクションは白人の善意の証拠と黒人の公民権運動の力を示しているが、近年では良い点よりも悪い点が目立ち、黒人によっては得るものより失うものが多くなったという表現をする。そして、人種的な優遇政策となってからは、黒人にとってアファーマティブ・アクションの恩恵を受けることは一種の人種的劣等を意味するようになり、黒人の意気阻喪あるいは自信喪失を招いているという。アファーマティブ・アクションは、過去に被害を受けたことを利用して、それを権力の源にするようにと、暗に黒人に勧めており、被害者意識の強いアイデンティティを黒人のなかにつくりあげている、とスティールは考える。

これに対してソーウェルは、もっと積極的にアファーマティブ・アクションに反対する。この制度は豊かな黒人をますます豊かにする効果はあるが、貧しい黒人をますます貧しくする制度だと主張する。貧しい黒人は学歴も低く、仕事も単純労働が多い。たとえば、高校中退で職歴の浅い男性の場合、アファーマティブ・アクションの実施以前のほうが白人との比較で給料がよかったという。大卒で職歴に恵まれた人の場合は、逆に給料は大きく上昇した。結果的にアファーマティブ・アクションは、黒人の貧富の格差を増大させる結果を招いたという。

また、アファーマティブ・アクションは優秀な黒人の自尊心まで傷つける。実力で特定の地位に到達しても、周囲の人々は人種的優遇措置によってその地位を得たと解釈するからだ。ソーウェルによれば、そもそも間違っているのは、一九六四年公民権法でアファーマティブ・アクションが実施されるようになり、黒人の進歩に大きな貢献をしたという、リベラル派の書いた歴史そのものであるという。実は、公民権法の成立する一〇年くらい前から黒人の社会進出が起こっていた。政府と民間双方で、高い地位についた黒人の数は倍増していた。学界においても、アファーマティブ・アクションはマイナスの結果をもたらしているという。人種的優遇措置の実施される前にあった白人教員と黒人教員の給料差はさらに広がり、実力で昇進を果たしてきた黒人教員の研究業績も疑いの目でみられるようになった。

大学の入学試験をめぐるアファーマティブ・アクションの弊害については、カリフォルニア大学のコナリーの反対運動で説明したが、ソーウェルはアファーマティブ・アクションでカリフォルニア大学デイビス校メディカル・スクール（医学大学院）に入学して医師免許を取得した黒人医師が、何度も医療過誤を起こし、ついには死亡事故まで起こした例を紹介している。特定人種を特別扱いして入学させるだけでなく、入学後の成績にまで手心を加えて医師にさせることについて疑問を呈している。それほど努力しなくても卒業して医師免許が取得できるとなれば、学生は勉強しなくなることを憂慮しているのだ。自らの教師としての経験から、成績などを厳しくすれば学生は必ず努力してくれる、としている。

この事件は、アファーマティブ・アクションの光と影を示す象徴的な出来事として、当時大きな社会問題として扱われたので、その概略を説明しておく。黒人のパトリック・チェイビスは、七三年にアファーマティブ・アクションでカリフォルニア大学デイビス校メディカル・スクールに入学した。この年、大学のアファーマティブ・アクションの人種割当てによって不合格となった白人アラン・バッキがいた。バッキは自分よりずっと成績の悪い学生が大学のアファーマティブ・アクション制度で合格しているのを知り、裁判で戦うことになった。そして七八年に、連邦最高裁判決でアファーマティブ・アクションによる選抜方法が違憲とされ、バッキは入学を勝ち取った。バッキの入学が報道された時には、チェイビス他のアファーマティブ・アクション入学生が話題になったわけではない。

医療過誤事件を起こした黒人医師

チェイビスはアファーマティブ・アクションで入学して医師免許を取得し、自分の育ったロサンゼルスの貧困地区で産婦人科の医師として、地域の貧しい女性の健康に貢献した。しかし、病院の勤務医の時に患者への誤診や出産時のミスなどがあり、九三年には病院から監視されるようになった。しかし、黒人患者や病院スタッフのなかには、チェイビス医師の立場を支持して味方してくれる人もいたという。人種差別的な扱いを受けて訴訟を起こしたこともあった。その後、死亡事故を起こしてから九七年には医師免許が停止され、翌年には医師免許の取消し処分を受けてしまった。

カリフォルニア州では前述したように、州のアファーマティブ・アクションを廃止する「州民提案二〇九」が九六年に成立したばかりで、このチェイビスの医療過誤事件もアファーマティブ・アクションとの関連で強い関心が集まった。まだ患者の死亡事故が起こる直前のことだが、チェイビスのことが主要な新聞やテレビで大きく取り上げられた。当時の連邦上院議員でアファーマティブ・アクション推進派のリベラルの代表的存在であったエドワード・ケネディ（ケネディ大統領の弟）は、議会の委員会でチェイビスの成功物語を紹介し、アファーマティブ・アクションの正当性を訴えた。また、六〇年代の学生運動のリーダーで当時カリフォルニア州議会議員のトム・ヘイドン（元妻が反戦運動で話題になった有名ハリウッド女優のジェーン・フォンダ）も、雑誌にアファーマティブ・アクションの有効性について書いた。チェイビスは、開業してから皮下脂肪吸引を主とする美容整形手術も実施するようになり、肥満の黒人女性からは感謝された。出産後のお腹の贅肉落としにも力を入れ、往診などにも応じていたばかりか、スポーツ・ジムのような施設までつくって、貧困地区での健康増進に役立てた。コミュニティの住民は、黒人医師の医療サービスには大喜びだった。

アファーマティブ・アクション推進派によれば、白人であれば医療活動をしないような貧困で危険な地域でも、チェイビスのような非白人の医師は開業して献身的な活動をするのだから、アファーマティブ・アクションは素晴らしい成果を上げたというわけである。もしもチェイビスが普通の入学選抜による入試を受けたら不合格になっていたのは確かだが、大学の多様性（多様な人種・民族を示すことが多い）を豊かにするというアファーマティブ・アクションによって入学できた。そのため、その後の努力によって医師となることができ、このような成果を上げたのだと主張する。しかし、チェイビスは医師としての責任を果たせず、何度も医療ミスを犯し、死亡事故まで起こして、医師生命を絶たれてしまう。それだけではない。二〇〇二年には、駐車場で彼の車を盗もうとした三人組に射殺されてしまった。まだ五〇歳であった。

チェイビスの射殺とアファーマティブ・アクションはなんら関係ないが、その事故もあって、チェイビスの医療過誤とアファーマティブ・アクションで未熟な医師が誕生していることと関係があるのではないか、という疑問が出されたわけである。後日判明したことだが、チェイビスは医療過誤のために二〇回以上も訴えられていたという。一方で、白人の医師に医療過誤があったとしても、学生時代の成績などまでさかのぼって暴かれることはないだろう。アファーマティブ・アクション医師だから、反対派により過去の記録まで調べられたのだ、というのが賛成派の意見である。

チェイビス事件は特別なケースにすぎない、と主張するアファーマティブ・アクション賛成派に対して、これはけっして特別ではない、他にも事件が起きる可能性はたくさんある、と反対派は警告する。というのは、大学によってはアファーマティブ・アクションで入学した学生の成績評価の面でも、特別扱いが行われているからである。命を扱う医師になる学生に対して、他の学生よりも緩やかな基準で成績をつけて医師免許を与えることは、最終的には人命を扱うさいの危険な要因を生むことになるという。アメリカで超一流といわれるハーバード大学メディカル・スクールでさえ行われており、これをアファーマティブ・グレイディング（採点・評価）と呼ぶ教員もいるそうだ。

ソーウェルは黒人を特別扱いすると弊害が出ることを強調するために、前述したフレデリック・ダグラスの言葉を引用する。「皆から質問を受ける。われわれは黒人をどう扱ったらよいのか、と。私には最初から一つだけ答えがあった。何もしないでくれ！　あなたたちが黒人にすでにしてきたことによって、黒人は悪影響を受けている。何もしないでくれ！」と。これはダグラスが南北戦争終結の一八六五年の講演で述べた言葉で、木になるリンゴの実を隠喩として使っているといわれる。同じ演説で次のように述べている。「もしリンゴの実が自分の力で木になっていることができないなら、落ちるがままにしておけばよい。自然の力以外の方法で、実を木に結びつけたりすることには反対だ。黒人も自分の足で立っていられないのなら、倒れたままにしておけばよい」と。ソーウェルにしてみれば、黒人リベラル派が一番尊敬している黒人指導者のダグラスでさえ、特別な恩典を求めていないばかりか、白人の特別扱いが悪影響を与えていると述べている、と強調したいのだろう。

白人と黒人のIQ差

アメリカでは建国期から黒人の知能指数（IQ）が低いといわれてきた。人種差別主義者たちは、そのことから黒人が劣等人種であると決めつけてきた。そもそも黒人が奴隷となったのも、知能が低いからとか、奴隷にふさわしい人種であったともいわれた。純粋に科学的に、黒人は生まれつき知能が低いことを証明しようとした科学者もいる。また、白人と黒人のIQ差は約一五あるというのがアメリカ国内では定説になっている。人種差別の根底には人種による優劣の概念があるので、IQと人種を扱うのはきわめてデリケートな問題を含んでいるといわれてきた。一部ではタブー視されてきたといってもよい。しかし、ソーウェルはこの問題にことのほか執着しているようで、数冊の著書のなかでIQと人種の問題を扱っている。白人と黒人のIQ差一五がどれほどの能力の差に結びつくのか、素人にはまったく想像がつかないが、ソーウェルの関心はその程度のIQ差は他の集団の間にもあるということを、国際的なデータを集めて証明しようとしているようにみえる。

ソーウェルは著書『人種と文化』[23]（未邦訳）でIQと人種について、かなり詳しく考察をしている。アメリカになぜ人種別のIQに関するデータが豊富にあるのかというと、一つには第一次世界大戦のころ、移民を含むアメリカ人の新兵に対して知能検査を実施していたからだ。当時の移民はイタリア、ギリシャ、ポーランドなどからが多く、IQは八〇台と低かった。アメリカ黒人もこれと同じであった。同じ黒人であっても、南部と北部を比べると、北部の黒人のほうが高かった。白人と黒人のIQ差一五は他の国にもみられる。たとえば、イスラエルのユダヤ人といっても、アシュケナージ系（東ヨーロッパから来た人が多く、イスラエル人口の九割近くを占める）とスファラディ系（スペインやポルトガルなど西ヨーロッパから来た人で、ブルーカラーとなることが多い）の間にもそのくらいのIQ差があったという。北アイルランドでもカトリックとプロテスタントの間でIQ差があるし、アメリカ国内でも、アパラチア山脈（カナダ南部からアメリカ・アラバマ州中部にかけての北米東部を走る山脈）地方の白人は全米平均より低く、八〇台の半ばといわれる。

興味深いのは、同じ人種・民族であっても、アメリカに移民した当時よりも数十年経過してアメリカ社会に溶け込んでからのほうがIQは上昇している、とソーウェルは指摘する。たとえば、ユダヤ系は大変に頭がよいと一般的にいわれる。しかし、移民当時はそれほどではなかったが、社会的地位を高めてからは、アメリカの平均IQを上回るようになった。詳しくみると、ユダヤ系が別の人種・民族と人種間結婚が盛んになったからではなく、ユダヤ系がアメリカの主流社会に溶け込んだということが、IQ上昇と関係があるという。つまり、IQは人種ではなく社会環境に大きく結びついている。日系や中国系など東アジアの人々のIQも高い。

IQ差が生活環境の違いと関係があることを示すわかりやすい例として、ソーウェルは白人の家の養子となった黒人の子どものIQが上昇することをあげている。また、北部の黒人が南部の白人よりIQが高いことがある。そのことを示す例として、第一次大戦時のIQテストで、ニューヨーク、ペンシルバニア、イリノイ、オハイオの各州出身の黒人兵は、ジョージア、アーカンソー、ケンタッキー、ミシシッピの各州出身の白人兵よりも成績が上だったと述べている。黒人のIQは一九四五年から九五年までの間に平均で一六も上昇した。ヨーロッパからの白人移民も、入国当時のIQは全米平均より低かったのが、アメリカでの生活を経験するにつれてIQは上昇していったという。日系や中国系にしても同じである。

ソーウェルは人種・民族のIQ差を論じてはいるが、男女差についてはほとんど触れていない。一つだけ断定していることは、白人には男女差がほとんどないのに、黒人に関していえば、一二〇以上の高いIQをもつ子どもは、圧倒的に女子が多いという。男子より三～五倍も女子の人数のほうが多い。人種や環境が同じなのに、なぜここまで差が出るのか、その理由はまだ明らかになっていない。

ソーウェルは移民とIQ、人種とIQについて、過去のデータを活用して論じているが、どの人種が優れているとか、どの人種が劣っているとかは明示していない。黒人が白人よりＩＱが一五低いということを明確に認めているが、かといって黒人が遺伝的にあるいは人種的に知的能力が劣っているという結論を導いているわけではないので、ＩＱを論じて人種差別主義者などという批判は受けていない。ところが、人種とＩＱについて大々的に論じた八〇〇頁超の大作『ザ・ベル・カーブ――アメリカの生活における知性と階級構造』[24]（未邦訳）が一九九四年に出版された。共著者のチャールズ・マレーは、保守系のシンクタンクで有名なアメリカン・エンタープライズ研究所の上級研究員で、保守派の理論家として揺るぎない地位を確立している。社会福祉政策がいかに無駄であるかを詳細なデータで示した著作『地盤喪失』（未邦訳、ルージング・グラウンド）で有名になった。ベル・カーブは、鐘型にＩＱのポイントが分布していることを示している。

二人の著者は、人種間に遺伝的差異があるとは断定していないが、社会的地位とＩＱ差のあることを示している。黒人と白人のＩＱ差は一六あるとし、ここ数十年でおそらく三ポイントは縮まったと指摘する。それも、高いほうの黒人が増えたのではなく、低いほうの黒人が減少したのが、黒人の平均ＩＱが上昇した原因だそうだ。問題となる白人と黒人の間にあるＩＱ差の遺伝率（ヘリタビリティ）については、一九八〇年代に実施されたという一〇二〇人の研究者対象のアンケート調査を紹介している。大変に興味深い結果なので紹介しておこう（『ザ・ベル・カーブ』二九五〜二九六頁）。

・IQ差の遺伝率は、すべて環境的変化による　一五％
・IQ差の遺伝率は、すべて遺伝的（ジェネティック）変化による　一％
・IQ差の遺伝率は、遺伝的変化と環境的変化の双方の結果である　四五％
・データが十分でないので、いかなる妥当な意見をも支持できない　二四％
・無回答　一四％

こういう結果に対して、両著者も真実がどこにあるのか、科学関係者の間でも不確かであることを認めて、IQの遺伝についてはこれ以上自分たちは論じないとしている。とはいえ、本書が人種間および個人間のIQ差によって社会的不平等を説明できることを示唆しているとして、アメリカ心理学学会（APA）やアメリカ人類学学会（AAA）はその結論に批判的な見解を表明したという。ソーウェルは本書を正直で、公正な心をもってよく書かれていると評価をする一方で、次のような欠点を指摘している。過去三〇年間で多くの国でIQが一〇から一五上昇しているが、ユダヤ系のように他より速く上昇している集団がある。この点は、遺伝では説明がつかない。本書はその点について十分な説明がなされていない。また、両著者は、IQの低い女性ほど出生率が高いので、IQの低い子どもが増える結果、社会全体のIQが下がっていくことを恐れている。これは一見もっともらしい説明だが、まったくの誤りだ。IQ一二〇以上の黒人をみると、男性よりも女性が多いが、白人の間にはこういう差はない（これは前述したソーウェルの持論）。これも遺伝では説明ができない現象であるのに、本書はふれていない、とソーウェルは述べている。

人種間のＩＱが異なることについて、遺伝的要素が一部関与していると仮定することが合理的である、と一九六〇年代末から主張していたのがアーサー・Ｒ・ジェンセン（カリフォルニア大学バークレー校教授＝当時）である。ジェンセン曰く、人種的または行動様式の違いにおける遺伝的要素の重要性が甚だしく無視され、タブー扱いにされている。人種は生理学上も、解剖学上も、生化学上も異なっており、脳がこの一般論の例外である理由はない[25]。ジェンセンが二〇一二年一一月に八九歳で亡くなると、改めて人種とＩＱについて一部のメディアが取り上げ、マレーの『ザ・ベル・カーブ』も話題になった。

移民問題とIQ

人種間のＩＱ差を支持する保守派の主張は根強くある。一九六二年にＤＮＡ研究でノーベル賞を受賞した世界的に著名な科学者であるジェームズ・ワトソン（コールド・スプリング・ハーバー研究所総長＝チャンセラー）にいたっては、黒人のＩＱが低いことからアフリカの将来は生来的に希望がない、とまで発言している。しかも、人類はすべて平等であるべきだという自然の願望は多くの人間にあるが、黒人を雇用している人々はそれは違うと思っている、ときわめて人種差別的な見解を公にしているのには恐れ入る。これで驚いてはいけない。なんと、人間の知性の違いを生じさせている遺伝子は、一〇年以内に発見されるかもしれないというのだ。この発言は〇七年にイギリスの新聞に報道されたもので、大きな議論を呼ぶこととなり、研究所の総長を辞任することとなった。遺伝子の世界的権威であるので、この報道が文脈をはずして紹介されたり、真意を伝えておらず読者に誤解を与えた、などという言い訳はなかった。まさに自分の発言内容を正しいと信じているようで、発言の撤回もなかった。確信をもった主張なのだ。

保守派にしてみると、人種とIQは今日の移民問題と関係があると考える。オバマ政権の目玉政策の一つである移民法改正だが、歴代政権と同じように、なかなか超党派での合意が難しい。二〇一三年に上院ではなんとか法案が通ったが、下院ではまず成立しそうにない。そのような時期に、保守派の見解を代表するヘリテージ財団が移民に関する分厚い報告書（ウェブのPDFで一〇二頁）を一三年五月に公表した。今日のアメリカには一一〇〇万人の不法移民がいるとされるが、移民法改革はつまるところ、この人たちをどう扱うかに集約される。いろいろな考え方があるが、中心課題は不法滞在者を合法的な身分として、いずれは永住権、さらには市民権を与えるかどうかである。

ヘリテージ財団の報告書「不法移民と恩赦がアメリカ納税者に与える財政コスト」は、実に詳細な情勢分析であり、導き出す結論の内容はともかく、よくぞここまで調べたものだと感心させられた。その報告者はわずか上級研究員二人である。もちろんリサーチャーなどのアシスタントはつくとはいえ、驚くほど大量の情報が盛られている報告書である、結論としては、不法移民が法的な地位を得ると仮定すると、その生涯で政府から受ける社会保障その他の給付や恩典は九四兆ドルになり、彼らが納める税金などは三一兆ドルになると推計している。気が遠くなるような計算だが、ここからわかるように不法移民の合法化は、アメリカ納税者にとって長い年月にわたって莫大な財政負担となるのだという。当然、この報告書は上院の移民改革法案には反対である。

この結論は、ヘリテージ財団の従来の考え方を改めて示しており、なんら不思議はない。ところが、この執筆者の一人であるジェイソン・リッチワインが問題を引き起こすことになった。リッチワインはハーバード大学で博士号を二〇〇九年に取得したばかりだが、その論文題目が「ＩＱと移民政策」であり、その結論がきわめて人種差別的な内容、つまり貧しい国の人々のＩＱは低いので、入国にさいしてはＩＱを選抜の要素として考慮すべき、というものだった。論文の内容が暴露され、ヘリテージ財団は移民のＩＱが低いと主張する研究員に移民報告書を書かせた、という報道が流れてしまった。不法移民の多くを占めるヒスパニックの政治家や人権団体から強い非難の声があがった。ヘリテージ財団としては、報告書にはＩＱのことはなにも書かれておらず、人種間のＩＱ差はリッチワインの個人の見解であるとしたが、結局、リッチワインは辞職に追い込まれてしまった。

こうしたＩＱと人種、あるいはＩＱと遺伝などというテーマは、実にデリケートな問題である。その意味では、ソーウェルは実にバランスの取れた、白人保守の立場とは異なった人種観をもっているなと感心させられる。リベラル派は、人間すべて平等だからIQ差もありえないし、環境に恵まれない人には支援をすべきという。ソーウェルはIQ差は認めているが、黒人にだけある現象ではなく、また特別な支援は必要ないという。マレーも、IQ問題で批判はあるものの、露骨な人種差別主義者とまではいわれていない。保守派の論理である福祉無用論を掲げて、黒人を特別扱いするのは人種差別主義であると主張しているが、それほど強い批判を受けているとは思えない。いずれにせよ、保守派が人種問題を考える時に、あからさまに表面には出さないが、非白人のIQの低さと貧困を結びつける傾向があるので、ソーウェルのIQに対する主張は、彼にしては珍しいことだが、広い意味で黒人を擁護することになる。

人種戦争は本当に起こるか

黒人は犯罪の加害者でもあり被害者でもある。犯罪をめぐる統計をみると、黒人があまりにも突出していて、とても理解できない。ソーウェルはかつて、黒人の犯罪率の高さを移民の犯罪と同じように考えていた。つまり、移民は第二世代が一番暴力に走りやすく、社会の主流に入ることができずに根なし草のようになっていたという。一九二〇年代には強盗はユダヤ系が多かった。その次に多かったのがイタリア系だった。今日では黒人がそのような立場にあるという。したがって、ユダヤ系やイタリア系がその後、社会の主流に入って豊かになっていったように、黒人もいずれそうなるのではないかと考えていたようだ。南部から北部の大都市に移住した黒人は、いまだアメリカ主流社会に入っていないが、いずれは、移民がそうであったように、主流に入っていくというのだ。

しかし、黒人の中産階級がしだいに成長し、いまや黒人大統領が誕生している時代になっても、犯罪と人種の関係についていえば、黒人の犯罪率が低下しているという傾向はみられない。これまで主として黒人のみが犯罪者扱いされていたのが、これにヒスパニックの貧困層が犯罪者扱いされる集団に加えられるようになったといえる。ソーウェルは近年では、人種戦争とか人種暴動という用語を使うまでになっており、人種対立の深刻な状況を社会が見て見ぬふりをしているとして、取り締まり当局やマスコミを批判するようになっている。

黒人犯罪の危機的な状況については、ソーウェルと同じく保守派の黒人経済学者ウォルター・ウィリアムズも声を大にして警告を発している。ウィリアムズは、保守派のウエブサイトである「タウンホール」で、次のように黒人犯罪の惨状を概説している（二〇一二年五月二三日）。

・毎年、約七〇〇〇人の黒人が殺害され、その加害者の九四％が同じ黒人である。
・司法省の統計によると、一九七六年から二〇一一年にかけて二七万九三八四人の黒人が殺害されている。
・全国的に、黒人が殺人の被害者になる割合は白人の六倍であり、都市によっては二二倍にのぼる。

・以上の悲劇的数字がいかに憂慮すべきものであるかは、次の史実と比較するとよく理解できる。①一八八二年から一九六八年までに、白人のリンチによって死亡した黒人三四四六人、②朝鮮戦争とベトナム戦争での黒人の死者は三〇七五人と七二四三人、一九八〇年以降の戦死者八一九七人、以上の合計一万八五一五人。

・悲劇的な数字を比較して考えると、黒人の若者は、イラクやアフガニスタンの戦場よりも危険なフィラデルフィア、シカゴ、デトロイト、オークランド、ニューアークで成人となる可能性が高いということになる。

ソーウェルも含めて黒人保守派が強調するのは、メディアは白人の黒人に対する凶悪犯罪を大々的に報道するが、黒人の黒人に対する犯罪や黒人の白人に対する犯罪をないがしろにしているという。取り締まり当局も積極的な活動をしていないという。黒人公民権運動の代表的な指導者となっているジェシー・ジャクソン師、牧師でテレビ番組司会者のアル・シャープトンなどは、黒人犯罪の責任を白人にあるとみなす。たとえば、前述した黒人少年トレイボーン・マーティンがヒスパニックの白人に銃殺された事件を取り上げて、白人が差別意識から黒人を殺しているというような扇動をしている。しかし、統計資料をみればわかるように、犯罪の多くは黒人の若者の間で発生しており、黒人の若者の命が一番危険にさらされているのだから、その対策を立てるべきだ、と黒人を含めて保守派は声を大にして訴える。

ここ数年のことだが、ソーウェルは人種暴動あるいは人種戦争というぶっそうな言葉を使うようになった。人種戦争の初期的な衝突はすでに起こっているという。従来なら、人種暴動は白人の差別的抑圧や弾圧に黒人が反発して暴力行為に出るということが一般的だったが、ここでは黒人の若者が街頭で無差別に白人を襲っている事件が多発しているという。ソーウェルは伝統的な保守系新聞『ヒューマン・イベント』(ウェブ版)で人種をめぐるごまかしについての連載エッセーをはじめ、その他でも人種戦争について書いている。アメリカでは貧乏人の家に生まれたら生涯貧しい生活を送るといわれ、皆それを受け入れてしまっている。だが、アジア系移民は貧困や差別を克服して社会的に上昇して、多くの人が成功を収めている。その一つの理由は、黒人の公民権指導者のような人がいないからだという。皆それぞれが、自分なりの自助努力で道を切り開いている。黒人には、個々人がそうした努力をする意欲がないと嘆く。

黒人指導者を含めたリベラル派によれば、黒人の犯罪は社会の不公正と不平等が原因であるという。黒人の若者が単独や集団で白人を襲うのは、人種的な動機が多い。メディアが報道しないことが多く、報道する場合でも、加害者と被害者の人種を明らかにしないことが多い、とソーウェルは指摘する。『シカゴ・トリビューン』のような有名地方紙でさえ、編集方針として人種を明らかにしていないという。逮捕者や受刑者の人種的不均衡に関する統計は報道しているのにである。ソーウェルが恐れているのは、こうした人種対立が続くと、白人からのバックラッシュがいずれ起こり、人種戦争に発展するのではないかというのだ。また、ソーウェルが強調するのは、黒人の貧困や差別がもっと激しかった一九五〇年代には、これほどの黒人の暴力犯罪はなかったのに、なぜ黒人大統領が誕生して黒人にも期待がもてる時代に黒人犯罪は増大しているのか、ということである。

ソーウェルの犯罪に関する考えの基本には、白人・黒人を問わずリベラル派は社会の不公正をまず指摘して、犯罪行為そのものを厳しくみていない、犯罪に甘い、という反リベラル指向があるようだ。これは、黒人の貧困を黒人自身が自力で克服すべきところを、不法行為で金品を得ることを許している寛容政策が間違っている、という主張につながる。しかし、警察当局の有色人種を狙い撃ちした差別的な取り締まり方法である「レイシャル・プロファイリング」が多くの州に広がっていることや、近年ニューヨークなどで問題になっている「ストップ・アンド・フリスク」（職務質問と同時にボディー・チェックをする）などは、どうみても人権侵害の恐れがあるように思うが、ソーウェルやウィリアムズはまったくふれていない。また、薬物犯罪において、白人と黒人の間では裁判所の判決があまりにも違いすぎることも、大きな社会問題になっているが、この点についても沈黙している。ソーウェルは白人のバックラッシュによる人種戦争を懸念しているが、実態からすれば、黒人の白人への悪感情というより、黒人のアメリカ社会への悪感情がもっと激化しても不思議ではないような気がする。

第4章　黒人共和党の出現

一　奴隷解放後の黒人の政治参加

リンカンの党から議会へ進出

奴隷解放の結果、アメリカ市民となった黒人は、憲法修正第一五条（一八七〇年施行）で差別のない自由な投票権（男性のみ）を行使することができるようになり、連邦の政治にも本格的に参加するようになった。もちろん、奴隷解放の父、リンカンの共和党を支持し、共和党の候補者として立候補した。一八七〇年に初の黒人連邦上院議員に選出されたのは、自由黒人牧師のハイラム・レベルズ（ミッシシッピ州）であり、下院では州議会議員ジョセフ・レイニー（サウスカロライナ州）だった。南北戦争が終わって南部が連邦に復帰して、アメリカが安定を取り戻すまでの時期である再建期（一八六五〜一八七七年）に、合計一六人（上院二、下院一四）の黒人が連邦議員に選出されたが、全員が共和党所属であった。

再建期には南部は連邦軍（北部）の占領下にあったので、黒人たちはいわば共和党政権に守られて政界進出をしたといってもよい。奴隷制の維持を主張した南部の民主党は、敗戦にともない大きな打撃を受けたが、じょじょに権力を回復していき、再び黒人の諸権利を奪っていった。黒人は憲法で保障された投票権をもっていたとはいえ、まず州レベルの政治で復権していった民主党が識字テストや投票税などで黒人の投票を妨害したため、政治参加への道は狭められていった。黒人は行政的な制限だけではなく、KKK（クー・クラックス・クラン）などによる脅迫や暴力・リンチなども黒人に加えられた。そしてついには、連邦黒人議員が一九〇〇年から一九二九年の三〇年間弱、一人もいなくなってしまった。

この間、リンカンの共和党は黒人をどう扱っていたのだろうか。奴隷解放までは共和党（一八五四年に結成）は「リリー・ホワイト」（つまり党内は白ゆりのように純白で、黒人がいない）の政党だった。奴隷解放後に少数ながらも黒人が参加したが、なかには混血の人などもいたので「ブラック・アンド・タン」（黒と褐色）共和党員と呼ばれた。「ブラック・アンド・タン」は単なる肌の色だけでなく、白人党員と平等の権利を求めるという意味もある。いわば、共和党は「リリー・ホワイト」派と「ブラック・アンド・タン」派が存在し、白人党員が必ずしもつねに黒人党員を支援することは期待できなかった。黒人に理解のあったリンカンでさえ、社会の正義に反する奴隷制を廃止したものの、解放後に白人と黒人が統合した社会を想定していなかったくらいであるから、共和党が全面的に黒人擁護の政党になることは難しかったのは当然である。リンカンと親交のあった元奴隷の黒人指導者フレデリック・ダグラスが「共和党は船であり、そのほかはすべて海である」と語ったように、黒人にとって政治参加への道は共和党員としての入場券を手に入れる以外になかった。どのような扱いを受けようとも、当初は活動のベースとして共和党以外にはなかったのだ。

共和党内における黒人の地位は、黒人指導者のブッカー・T・ワシントンの死亡、民主党の勢力挽回、共和党の黒人票への依存度の低下などが原因で、しだいに弱体化していった。経済構造も変化していた。北部の工業が大きく発展していくにつれ、労働力の移動が起こった。ほとんどが南部に住んでいた黒人は、南部白人による差別やリンチ、政治参加の抑圧などから逃れるため、また農業を離れて新しい仕事を求めるために、一九世紀末ごろから大規模な北部移住を始めた。ニューヨーク、シカゴ、フィラデルフィア、デトロイトに大量の黒人が流入した。その結果、黒人有権者が多数を占める選挙区が北部都市に形成されることになった。それまで黒人政治家は、黒人人口のほとんどを占める南部から出馬するのが常であったが、そうした事情が変わったのだ。南部民主党の反黒人政策のために長らく黒人の代表を連邦議会に送れなかった黒人の共和党員が、一九二八年の議会選挙で、オスカー・デプリーストをシカゴ（イリノイ州）から下院議員として選出することができた。南部以外で黒人の共和党員が選出されるのは史上初めてのことである。皮肉なことだが、彼は黒人共和党最後の議員となる運命にあった。かつての抑圧者、奴隷主、リンチなどを連想されていた民主党に対する黒人の支持が、時代の変化とともに増大するという地殻変動が起こっていたからだ。

デプリーストは黒人差別撤廃に関する法案を出しているので、黒人の代表として評価されるが、貧困層に対する連邦政府の支援には反対したことでは、黒人からの批判を受けた。それでも、デプリーストは興味深い提案をしている。元奴隷で七五歳以上の者には連邦政府の年金を支給するという案である。もちろん無視されたが、国家による奴隷制の補償を黒人議員が提起したことは注目すべきだろう。

ブッカー・T・ワシントンがセオドア・ローズベルト大統領にホワイトハウスでの夕食に招かれたことが大スキャンダルになったことは前述したが、デプリーストの妻が同じような「事件」に巻き込まれている。ハーバート・フーバー大統領（共和党）のルー夫人が、それまでのファースト・レディーの慣行にならって議員の夫人たちをホワイトハウスの茶会に招待した。五回にわけて招待したそうだが、数十年の間、連邦議会には黒人議員がいなかったので、黒人議員の妻がホワイトハウスの茶会に招かれたことが大きなニュースとなった。とくに南部でますます力をつけてきた州議会の民主党議員たちからは非難囂々《ごうごう》であった。なかでもテキサス州議会史上で初の女性上院議員であるマーギー・ニールにいたっては、「フーバー夫人はホワイトハウスの最も神聖なる社交習慣を破った。これは糾弾すべきことだ」と、きつい表現で黒人を茶会に招いたことを非難した。連邦上院議会でも、サウスカロライナ州選出の民主党議員が「ホワイトハウスのニガー」というタイトルの詩を含む批判決議案を提案している。この発言は議事録から削除された。

デプリーストはこうした民主党の人種差別的発言に対して、皮肉たっぷりの反論をしている。「南部民主党にひとつお礼をいいたい。南部民主党の野蛮な政策のために両親は北部に移住した。この移住がなければ、今の連邦下院議員としての自分はなかった」と。デプリーストは一九三四年に四選を目指して出馬したが、なんと民主党から立候補した同じ黒人候補に敗れてしまった。これで共和党の黒人議員はゼロとなり、議会史上初めて民主党の黒人議員が誕生したのである。

黒人はなぜ民主党を支持するようになったのか

リンカンの党、奴隷解放の党として、黒人には絶大な支持を得てきた共和党、黒人の政界進出の窓口であった共和党。黒人はこのような共和党を捨てて、なぜ民主党支持へと傾斜していったのか。一九三〇年代の民主党によるニューディール政策による大規模な経済復興政策や貧困対策などに始まり、一九六〇年代における公民権法や投票権法などによる黒人向けの諸政策が功を奏したのが大きな原因である。

三五年に連邦議会史上初の黒人民主党下院議員（イリノイ州）となったアーサー・ミッチェ

ルは、アラバマ州出身で、ブッカー・T・ワシントンのタスキーギ師範学校で学んだことがあり、共和党員から民主党員に鞍替えした過去をもつ。その意味では、ミッチェルは師を裏切ったことになる。農業をした後に弁護士資格を得た努力家であり、議会では反リンチ法を提案したり、個人的には鉄道会社による乗客の人種分離を裁判に訴え、勝訴している。

民主党の黒人議員が黒人多数の選挙区で選出されたことは、黒人にとって解放者として長年尊敬されてきたリンカンの党、共和党への不満が高まってきたことが大きな原因である。一九二〇年の大統領選挙において、共和党大統領候補のウォーレン・ハーディングは反リンチや公民権、投票権など、黒人のための人種差別撤廃について公約を掲げていたが、当選してからは南部白人の要求を優先して、黒人のことを軽視するようになった。黒人を政府の要職に任命するという約束も反故にした。また、共和党内の「リリー・ホワイト」派がますます有力になり、奴隷解放者リンカンの党という看板がしだいに存在感を失っていった。

共和党が黒人に冷たくなり始めたころ、その当時でさえ黒人の権利を奪い続けていた民主党が、共和党から大統領を奪うには黒人の支持が必要と認識するようになった。黒人との融和、というよりも露骨な飴玉作戦に出たのが、一九二四年大統領選挙での民主党候補ジョン・デイビスである。デイビスは、もし当選したら人種・宗教による差別をしないと公約し、黒人の共和党離れを促した。ハーディングの急死で大統領に就任したカルビン・クーリッジも、黒人の法的権利を擁護すると公約し、リンチは「おぞましい犯罪」であり、反リンチ法の成立を訴えたほか、人種問題を検討する大統領諮問委員会を設置するとまで約束していた。

こうした共和党による黒人対策はみな空手形であったので、黒人共和党員の多くは一九二三年の集会で党を離れることを決議し、公民権運動団体の「全国黒人地位向上協会」（NAACP、一九一〇年設立）も同じような行動に出た。NAACPは全国の黒人に向けて、「新しい政治的解放を求めるために、これまで歴史的な理由から忠誠を誓ってきたいかなる政党とも関係を絶つべきだ」と訴えた。[26]自動的にリンカンの共和党支持という受動的な政治態度から脱して、自分の判断で支持政党を決めようということだろう。この事件から黒人の民主党支持への傾斜が始まったわけだが、次の二八年大統領選挙ではより大規模な変動が起こった。共和党はますますリリー・ホワイト派が勢力を増し、黒人の党役員までもが白人の党指導部を支持するようになり、黒人メディアのほとんどが共和党のフーバーを支持せず、民主党候補でカトリックのアルフレッド・スミスに期待を託した。当時のカトリックに対するアメリカ社会の風当たりは強くあり、差別の被害者という意味では黒人と共通するところがあった。NAACPは当初はスミスを支持していたが、党大会の会場で黒人代議員の席がなんと鉄条網で仕切られ、白人席には行けないようになっていたことから、支持を取り消している。両党の黒人に対する態度には本質的な差はないとみなしたのである。選挙結果はフーバーの大勝に終わったが、方向転換を図った黒人としては、黒人民主党の下院議員候補アーサー・ミッチェルが歴史的な当選を果たしたことで、なんとか溜飲が下がったということだろう。

ニューディール政策の黒人への影響

より多くの黒人が民主党支持の方向に傾斜していくようになったのは、一九三二年大統領選挙で民主党のフランクリン・D・ローズベルトが勝利してからである。ローズベルトはニューヨーク州知事で北部での知名度はあったが、南部の黒人の間ではほとんど無名だった。二九年から大恐慌が始まり、共和党のフーバー政権の失政が選挙での敗北につながったのは当然である。黒人がローズベルトや民主党をとくに強く支持したというわけではなかった。ローズベルトは「有色人種にも他の市民が享受している権利をすべて認める」と述べたくらいで、とくに黒人向けの具体的な公約はしていなかったし、就任直後も、ＮＡＡＣＰが大統領に面会を求めたが、これを拒否している。しかし、大統領の大規模な大恐慌対策である「ニューディール政策」は、結果的には従来にはなかった恩恵を黒人に及ぼすことになったので、黒人は大統領を信頼するようになり、新民主党政権に親しみを感じるようになった。

ローズベルトに対する黒人の人気が高まっていった背景には、大統領やファースト・レディーのエレノアがしばしば黒人団体を親善訪問しては写真撮影をさせたり、黒人文化人や指導者らをホワイトハウスに招待したことがあげられる。黒人は自分たちが丁重に扱われていることを意識していたという。また、ニューディール政策が具体化していくと、黒人の専門家が政策分野ごとに起用された。また政府の要職に任命される者もいた。

それでは黒人がすべて民主党に好意をもつようになったかというと、けっしてそういうことではない。ローズベルトは三二年選挙で、ニューヨークで五〇%、ピッツバーグで四〇%という多数の黒人票を得たものの、シカゴ、クリーブランド、デトロイト、フィラデルフィアといった黒人人口の多い都市での黒人票は二〇~三〇%にすぎない。対抗馬のフーバーが過半数の黒人票を獲得していたのである。やはり、黒人を人間扱いしないことが多いとはいえ、いまだにリンカンの共和党、奴隷解放の共和党に対する黒人の思い入れや執着心の残滓がなくなっていないといえるのだろう。

一九三六年大統領選挙でもローズベルトは大勝するが、ニューディール政策の受益者である黒人の支持は、前回よりもかなり上昇した。黒人民主党員としては、民主党が党大会の正式代表として、初めて黒人の代議員を一〇人、代議員代理を二二人とすることを認めたことは、党員としての誇りを抱かせるものだと感じた。残念ながら、党大会で承認された党綱領には、いまだ公民権についての言及はなかった。選挙における黒人有権者のローズベルトに対する支持率は、ニューヨークでは八〇%超、前回よりも三〇ポイントも増加している。シカゴでも五〇%弱で、前回よりも三〇ポイント弱増加し、北部大都市で黒人票を大量に獲得して圧勝した。北部での黒人支持率は全体で七六%、全国的にも七一%と高い支持を得ることができた。これでほぼ、民主党と共和党の黒人票獲得合戦は、民主党に軍配が上がったといえるだろう。しかし注意すべきは、この数字はあくまでも大統領選挙での投票に関するもので、普段の政党支持率とはかなり違うということだ。三六年の黒人の政党支持率をみると、民主党は四四%とトップだが、共和党も三七%とそれほどの大きな差はないのである。四〇年では両党とも四二%と、共和党がややもちなおしていることを忘れてはならない。

共和党が黒人の支持を取り戻すためには、リリー・ホワイト派がもっとブラック・アンド・タン派の権利を認めるような政策や反差別法、反リンチ法を促進するなり方策はあったはずだ。だが、人気のローズベルトのイメージを崩すために、共和党はニューディール政策の欠点を攻撃した。とくに、その恩恵を受けていると考えている黒人に対して、この政策が間違っていることを強調した。黒人はローズベルト大統領とニューディールに依存し続けると、連邦政府によってかつての奴隷のような状況に逆戻りすると、共和党は警告した。なかでも、三六年選挙でローズベルトと対戦した共和党大統領候補アルフ・ランドン（カンザス州知事）は、財政面では保守的な考えをもっていたが、社会政策の必要性を認めており、共和党内ではリベラル派であったため、黒人指導者の支持者もいた。ニューディールの一部も認めていた。だがランドン曰く、ニューディールは近代的な「権利保留地」（リザベーション）を設けて貧困者の救済に利用し、連邦政府の保護下にある者として有色人種を一生そこに閉じ込め、生産的な人生から排除するものだと警告した。別の言い方をするなら、政府が黒人にニューディールの経済支援をすることにより、政府は黒人を支配することになる。その結果、政府は黒人を通常の生産活動からはずし、従来の経済活動の場とは別枠の、いわゆる救済経済の世界に移動させる。そこを公共救済で成り立つ、永遠の「権利保留地」として、黒人は一生その世界で政府に依存する生活を送る危険がある、とランドンはニューディールに内在するマイナス効果を訴えた[27]。

黒人の心の奥底には、奴隷制を維持するために戦争までした南部民主党の残虐な奴隷主の顔が刻み込まれているのは間違いない。共和党はその辺のことを意識して、民主党の黒人救済策の本質的な目的は、再び昔の奴隷制を新しい装いのもとで復活させることにあると訴え、黒人に奴隷時代の古傷を思い起こさせようとしたのかもしれない。黒人の政治参加と投票行動を考える上で、この三六年大統領選挙はきわめて重要な転換をもたらしたという意味で歴史に残るものであった。加えて、今日の保守派が主張している黒人の政府依存について考える上でも、重要な選挙であった。

先述したように、ニューディール政策のおかげでローズベルトは黒人の大きな支持を受けたのは確かだが、黒人のリンカンの共和党に対する支持率はしばらくの間は依然として高かった。三六年選挙では三七％（民主党四四％）、四〇年選挙年で四二％（民主党と同じ）、四四年選挙年で四〇％（民主党と同じ）である。公民権運動の高まりと民主党の変化によって、六〇年代から黒人の民主党支持は確固としたものになっているが、忘れてならないのは四八年大統領選挙の民主党大会での出来事である。ローズベルトの急死で大統領に昇格したハリー・トルーマンが党綱領に公民権支持の文言を入れたことに反対した南部民主党員（ディキシークラットと呼ばれた）が三五人も離党し、州権党を結成。大統領候補にストロム・サーモンド（サウスカロライナ州知事）を擁立し、「永遠の人種分離を！」と唱えて対抗した。これを機に、黒人の過半数（五六％）が初めて民主党支持者となったのである。[28]

一方の共和党では、大統領選でローズベルトに挑戦して破れたランドンが指摘したような政府依存、福祉依存の危険性は、リンカンの共和党理念をいまだに信じている一部の黒人、本書でいうところの黒人保守派あるいは黒人共和党によって指摘され続けている。民主党から黒人大統領が誕生しているのに、なぜいまさら黒人共和党なのかと不思議がられている。だが、黒人が三〇年代のニューディール、六〇年代の貧困との戦いなど、いわゆる大きな政府による大規模な援助を受けながら、いまだに多くの黒人が貧困から抜け出せないでいるのはなぜなのか。黒人保守派は、その原因が民主党の政策、その恩恵を受けて福祉依存から脱出できない黒人自身にあると信じている。アメリカ建国の理念である自助・自立を黒人が取り戻す必要性を強調し続けている。

二　今日の黒人共和党の保守哲学

なぜ黒人で共和党員なのか

リンカンの党であった共和党を、黒人が全面的に支持したのは当然であった。しかし、奴隷解放後でも、黒人を奴隷状態に戻そうとした南部の民主党が政治力をしだいに取り戻し、共和党にとってかわるようになった。それでも時代の変化は思わぬ結果をもたらした。仕事を求めて、あるいは差別を逃れて、南部の黒人が大量に北部に移動し、これに対して北部の民主党が流入してきた黒人に対する扱いを修正するようになった。と同時に、共和党の方は南部で力を維持するには、いつまでも黒人を厚遇していることも難しくなり、かつての黒人差別の元凶であった白人優越を唱えた南部白人を考慮する必要に迫られた。そこで、ますますリンカンの共和党に対する黒人の不信が高まり、三〇年代の大恐慌を乗り切る民主党のニューディール政策に期待をもった黒人が、大挙して民主党支持に傾斜していった。この背景については、すでに説明したとおりである。

そして今日、黒人の九割以上が民主党支持になっている。民主党が六〇年代にさらに公民権運動を強化し、黒人の心をしっかりとつかみ、忠実な民主党支持者に仕立て上げてきた。ついには黒人大統領まで誕生させた民主党は、黒人にとっては生活の基盤となる政党であり、今後もその忠誠心は少しも揺るがないようにみえる。民主党は奴隷制による黒人抑圧の党から、貧しい黒人をはじめとする少数民族の利益を代弁するようになり、過去とは訣別して完全に生まれ変わってしまったのだ。とはいうものの、リンカンの共和党の基本理念を信じて疑わない黒人もいるのだ。先述した黒人保守派の思想家や理論家の主張がどれだけ保守的な黒人に支持されているのかを、黒人共和党員あるいは共和党支持者の黒人の実態とその保守哲学を紹介しながら明らかにしていきたい。

多くの黒人が涙したオバマの大統領就任に異を唱えたり、あるいは民主党を黒人差別で告発している者もいる。一般的には、今日の共和党こそ、豊かな白人の支持者からなり、少数民族差別の政策を平気で主張しているのだから、黒人の要求を受け入れる党であるはずがない。なぜ黒人が共和党を支持するのか、まったく理由がわからない。こんな批判を受けながらも、黒人共和党の活動家は、共和党から立候補し、民主党が黒人を近代的プランテーションに押し込め、奴隷のように黒人支持者を利用しているのだと主張し、民主党支持の黒人に目を覚ますように訴えている。

黒人共和党という政党があるわけではないが、黒人保守派のなかで最も共和党の黒人集団であることを強調しているのが「全国黒人共和党連盟」（NBRA）である。共和党との関係については、なにも表示されていないので、独立した団体といってよい。二〇〇五年に元陸軍中佐で弁護士のフランシス・ライスらが設立したものだが、その規模はかなり小さく、活動はウエブサイトでの情報提供だけのようにみえるが、四万人の草の根活動家がいて、Eメールによるニュースレターは五〇〇万人に届いていると豪語している。かつては『ブラック・リパブリカン』という月刊誌なども出していたこともあり、黒人保守派の論客の記事も多く掲載していた。元国務長官であったコンドリーザ・ライスが表紙を飾った号もある。ウエブサイトは、それほどアップデートは頻繁に行われていないが、黒人共和党あるいは黒人保守派の動きを追うには十分なデータを維持している。

黒人の共和党員や支持者というのは、数は少ない割に幅が広すぎてまとまっていない。たとえば、全国的に、いや世界的に有名な共和党員としては、国務長官を務めたコリン・パウエルとライスが有名だが、この二人は共和党の大統領候補にもなる可能性をもった穏健中道の黒人共和党員である。かと思えば、共和党右派に属し、オバマ大統領に対しアフリカに帰れと叫んでいる一派の先頭に立っている黒人活動家もいる。NBRAの主張で、共和党の保守哲学の部分はともかくとして、過激である部分を支持する者は民主党を過去の人種差別を理由に、正式に告訴しているところだ。裁判所がどのような判決を出すのだろうか。

黒人保守派の白人社会に対する考えはさまざまだが、ここではNBRAのウエブサイトを通して、黒人共和党員・支持者の主張を整理してみよう。まずその使命だが、黒人を共和党のルーツに戻すことである。つまり、かつて黒人全員が支持したリンカンの共和党に戻れということだ。そのために、今日の黒人共和党運動に参加せよという。NBRAの政策提言していることは、共和党の価値観と同じであるとして、次の点などを挙げている。①絆の強い家族、②信仰、③強い国防力、④低い税金、⑤個人の責任、⑥質の高い教育、⑦小企業と住宅取得の政策で黒人の繁栄促進、⑧二〇〇〇年の人種差別の謝罪を民主党に要求、⑨アファーマティブ・アクション支持、⑩すべての人に平等の機会を保障など。アファーマティブ・アクションの支持については、その立場を疑問に思う人が多いかもしれない。先述した黒人保守の理論家は反対することが多いが、ライスなど黒人共和党でも中道派のなかには賛成する人がけっこういる。

ここでのアファーマティブ・アクション賛成は、共和党のリチャード・ニクソン大統領が一九六九年に始めた、能力にもとづくフィラデルフィア計画のようなアファーマティブ・アクションを意味している。かなり限定的な黒人優遇策を指している。

以上のようなNBRAの基本的な考え方は、共和党の基本的政策にのっとっているが、一部を除けば、力点の置き方は多少異なるが民主党とも大きな違いはない。大きな違いは、生活のすべての面で個人の力をどれだけ評価するかだろう。黒人の貧困にからむ社会問題は両党にとって深刻な問題であるが、まずは黒人にとって生活の安定がなければならない。黒人リベラル派はその責任を政府に求める傾向が強いわけだが、黒人保守派はこれまで説明したように、個人の力、個人の努力で解決しようとする。NBRAのかつての機関誌『ブラック・リパブリカン』（二〇〇七年秋号）でフランシス会長他は四頁にわたる長文で、黒人が貧困から抜け出し、経済的自立を果たしてアメリカン・ドリームをもつのに必要な七点を次のように示している。実現の可能性はともかくとして、きわめてまともで、もっともな提案である。

成功への七つのカギ

今日の黒人の社会・経済状況については、民主党の勢力伸長とともに悪化しているという。一九五〇年には黒人の多くが共和党支持であり、黒人の六〇％以上が結婚していた。〇二年になると、ほとんどの黒人が民主党支持となり、結婚している黒人はわずか三五％となった。アメリカ全体がその傾向にあるとはいうものの、黒人のシングル・マザーの増大は異常なほどで、婚外子の割合が急増、父母のいる家庭で生まれる新生児は二五％のみである。かなりの黒人が共和党支持だった六〇年には、この割合は八〇％であった。アメリカでの子どもの貧困率は三〇％だが、シングル・マザーの子どものとなると八五％に跳ね上がる。その多くは黒人である。父母のいる家庭での所得は、女性の単親世帯よりもはるかに高い。そうした厳しい環境にある黒人が貧困の罠から抜け出すには、次の七つのカギが必要だという。カギを示すこと自体はけっこうなことだが、それらを実現する具体的方法が必ずしも明示されていないので、あるいは普通の貧しい黒人にとっては、あまりにも取り組むのが困難なものもある。しかし、黒人保守派が民主党リベラル派支持に固まってしまった黒人に対する一つのアンチテーゼの役割を果たすに違いない。七つのカギを要約して紹介してみる。

第一のカギ——政治力を獲得すること。黒人は一枚岩であるかのように、ほとんどが民主党に投票している。この民主党こそが、都市の黒人を貧困の罠から解放してくれないのである。昔のことわざで表現するならこうなる。人に魚を与えたら、その人はその日のうちに魚を食べてしまうが、魚を釣る方法を教えれば、その人は生涯にわたって自分で魚を手に入れることができる。民主党は魚の釣り方を教えるとはいっているが、実施は税金を使って黒人を「魚の養殖場」に釘付けにして自由を奪っている。そして、もっと魚を黒人に与えようとしているのに、共和党がそれを制限していると非難している。黒人は政治力を獲得して、黒人を解放して自分の力で繁栄できるよう共和党勢力をもっと強化しなければならない。黒人は政府依存から脱却する必要がある。

第二のカギ――質の高い教育を受けること。学歴の高い黒人はそれだけよい仕事についている。黒人社会のなかでは、子どもが一生懸命勉強して努力すると、白人英語をしゃべっているとか、裏切り者とかいわれて、努力することが評価されないという事実がみられる場合がある。黒人の親は子どもの教育にもっと関心を払い、努力することの価値を教えなくてはならない。また、民主党は教員組合の支持を受けているために、学校教育を改善するチャーター・スクール［親や教育関係者が特定の目的をもって設立する公立学校］やスクール・バウチャー［地方自治体が優秀な貧困家庭児童を他の学校に転校するのを経済的に支援する制度］には乗り気ではない。いずれも、問題を抱えた学校の生徒数の減少につながり、教育予算の減額を招き、教職員がその責任を問われるからだ。民主党はブッシュ政権が制定した「落ちこぼれ防止法」（ＮＣＬＢ）に批判的である。この法律も、一定の成績に達しない学校や教員が教育の責任を取らされることになるからだ。民主党は黒人に質の高い教育を十分に与えないために、黒人は低賃金の仕事にしかつけない。教育は二一世紀の公民権であり、黒人はその権利を獲得して質の高い教育を受けなければならない。

第三のカギ――二一世紀の仕事に備える。黒人の就業者のうち、専門職についているのは二〇％弱であり、三〇％近くが単純・肉体労働である。現代はハイテク時代であるので、黒人は高いレベルの職種につけるように職業訓練を受けなければならない。そのためには専門学校やコミュニティ・カレッジ［州立の短大だが、主として職業教育を実施］で学ぶことが求められる。軍隊に入って専門技術を学ぶ方法も忘れてならならない。除隊してから民間で活用できる技術を習得できるのだから。黒人はこうした質の高い技術をもって、高い収入の仕事につける道が開かれる。そうなってから、黒人は豊かな生活が期待できる第四のカギを追求できることになる。

第四のカギ――「オーナーシップ社会」に参加する［「オーナーシップとは辞書的には所有することと、所有権を意味するが、日本での労務関連の用語としては、担当する仕事を自分自身の課題として主体的に取り組む姿勢を意味している。アメリカではジョージ・W・ブッシュ政権での政策目標の一つとなり、持ち家、自営、起業など自助・自立の精神で市民が財産を持てるようになり、アメリカン・ドリームを実現するというような意味で使われている。きわめて共和党的な考え方である］。貧しい黒人が豊かになるためには、まず住宅を取得して生活基盤を築く必要がある。これは黒人のみを対象としたわけではないが、〇三年のアメリカン・ドリーム頭金法により、住宅購入に際して頭金、契約手数料の補助によって、四万人が平均して一人当たり七五〇〇ドルが支給された。黒人の持ち家率は五〇％前後だが、住宅を取得すると財産の保有高は一〇倍にも増大する。住宅は資産形成の要になっている。自営業も黒人を豊かにする道の一つである。黒人で事業経営をしている人の割合は約五％であり、約一〇〇万人の黒人が事業主となっている。政府の生活支援を受けるのではなく、自らが起業して豊かになるという道をも黒人は目指すべきである。

第五のカギ――両親のそろった家庭を維持すること。子どもの貧困の多くは単親家庭で起こっている。貧困を避けるには、結婚してから子どもを生まなくてはならない。婚外子を減らすために、とりわけ都市部の黒人は、相当な覚悟をもって皆が協力し合って対処しなくてはならない。それなくしては、黒人が経済的に自立した生活を達成することはできない。

第六のカギ――自己破壊的な行為から抜け出すこと。神の導きに従わないと自己破壊的な行為を避けることはできない。そうしなければ、アメリカン・ドリームを実現することはできない。しかし、六〇年代以降、民主党の主張する反抗的な風潮が都市部の黒人の間に広がっている。神に反対する、反体制的なメッセージである。さらに民主党は、黒人に政府依存の必要性を訴えた。つまり、六〇年代以前の人種分離の時代においてさえ、黒人はかなり経済的成功を果たしていたにもかかわらず、黒人に人種差別の被害者意識を植え付けてきた。六〇年代の民主党リンドン・ジョンソン大統領の貧困との戦いによって、黒人は政府のつくりだす貧困のもとで永久に生きざるをえなくなってしまった。それまで一家の大黒柱であった父親にかわって、福祉政策を施行する政府が生活費を入れてくれるようになった。父親が家庭にいると、福祉の小切手が届かないので、黒人の父親は必要なくなってしまったのだ。母子家庭のほうが生活しやすい環境が生まれたのである。そして八〇年代に向けて犯罪が多発、薬物の乱用が社会問題となった。神を無視した民主党の社会主義的な政策によって、都市圏の黒人の家庭やコミュニティ、道徳は崩壊してしまった。黒人が貧困や政府依存の鎖から自らを解き放ち、薬物や犯罪などの自己破壊的な行為から抜け出すためには、信仰の力を借りて悪の誘惑を克服しなくてはならない。

第七のカギ――もてる資源を結集すること。政府ではなく、個人、団体、企業などが協力して、もてる資源を結集して、個人の進展やコミュニティの再活性化を図る必要がある。絆の強い家族、個人の責任、住宅取得、小企業の発展など黒人を豊かな生活に導いてくれる。その道を切り開くには、黒人の力を結集していかなくてはならない。

以上が、全国黒人共和党連盟（NBRA）の主張する黒人の生活向上のカギであるが、なるほどというものもあるとはいえ、民主党の忠実な支持者である多くの黒人にどれだけ理解されるかは疑問である。とはいうものの、オバマ大統領自身も、就任以来ずっと黒人男性が家庭を捨てていること、結婚して家庭をつくり子どもを育てることに消極的であること、父親としての責任を十分に果たしていないことなどは、必要以上に強調してきた。また、教育の重要性、時代に合った仕事のための職業訓練の強化なども、民主党の主要な政策課題である。七つのカギで最も実現が困難と思われるのは、住宅取得であろう。黒人の資産上の信用が低いため、銀行などの金融機関から条件のよい住宅ローンを借りるのは難しい。その他、黒人に自覚を求めることは必要な場合も多いが、いまや法的・制度的な差別をしないことになっている企業が、目に見えない形で黒人を差別することで黒人の行動を狭めていることについては、NBRAはもっと共和党の忠実な支持者である企業家に注文をつけることがフェアというものだろう。貧困層の生活を改善する一番手っ取り早い方法は、最低賃金を上げることだが、保守派は雇用に悪影響を与えるとして絶対反対である。

黒人差別の党は民主党か共和党か

アメリカの歴史をひもとけば、黒人差別の根源にある奴隷制を維持しようとして戦って負けたのは、南部を支配していた民主党勢力であり、南北戦争に勝利して奴隷制を廃止したのは共和党であることは明白である。しかも、南部が北部の支配から脱して政治力を回復し、再び黒人の権利を実質的に奪い、黒人差別法で黒人を分離・差別をしたのも民主党である。先述したように、そのような民主党が一九三〇年代から黒人の支持を得始めて、六〇年代には黒人解放の父リンカンの党である共和党を上回るほど、黒人の信頼を勝ち取った。いまや黒人大統領が民主党から誕生しているのだから、歴史の激変には驚かされる。

黒人にとって、共和党の存在感はほとんどなくなってしまいそうではあるが、それでも黒人保守派は、民主党批判の理由として、次のような質問を繰り返し続けている。黒人が奴隷解放後にどれだけ生活が豊かになったのか、なぜ黒人はいまだに最も貧しく、最も失業率が高く、最も学力が低く、最も犯罪率が高く、最も多く（人口比で）刑務所に収監されているのか、最も中絶率が高く、最も父親のいない赤ん坊が生まれる率が高いのか――。民主党の福祉政策で黒人生活がある程度まで向上したことは否定できないが、真の共和党が求めている自助・自立の精神を失ってしまった黒人は、政府の提供する各種の援助や補助という居心地のよいぬるま湯につかって、みずから努力することを忘れてしまった。こういう政府の金をばらまいてきた民主党のリベラル派こそ、形こそ違うが、かつての奴隷プランテーションの主人の役割を果たし、鎖を使わずに黒人を民主党支持者としてつなぎとめているのだ。黒人保守派はそう主張する。荒唐無稽の議論として無視されることが多いのだが、黒人大統領が誕生してからは、その主張がより強くなっているようにみえるのは興味深い。黒人保守派の民主党批判について、また共和党の人種差別否定の論理について、もう少し詳しくみていこう。

まずは、民主党は四つのSの党だといわれる。つまり、スレイバリー（奴隷制）、シセッション（分離・脱退、南部一一州が連邦から脱退、南北戦争となる）、セグリゲーション（人種分離）、ソーシャリズム（社会主義）の党であるという。黒人保守派にしてみれば、民主党は四つ目のSを促進しながら、莫大な税金を富裕層から取り立て、大きい政府として気前よく黒人をはじめとする貧しい貧困層にばらまいて、選挙時には民主党に投票するような装置をつくり上げていると主張したいのである。一方の共和党は四つのFの党といわれる。フェイス（信仰）、ファミリー（家族）、フリーダム（自由）、フェアネス（公正）。SとFの党はなんと異なることか。そして、公民権運動の成果の頂点に立つといってもよい六四年公民権法と六五年投票権法は、民主党の努力によって実現したと一般に解釈されているが、共和党こそが公民権の実現に努力してきたのだと反論する。黒人の自由と平等を実現したのは共和党であり、それを抑圧してきたのが民主党であるという。近代の民主党大統領で公民権法実現の立役者として高く評価されているジョンソンだが、本心では黒人嫌いだったそうだ。公民権法案と投票権法案の成立過程を振り返ると、共和党上院議員のエベレット・ダークセン（イリノイ州選出）が中心になって進められたのであり、法案に反対したのは南部の民主党議員だった。なかには、元KKKメンバーだったロバート・バード（イリノイ州選出）のように民主党大物議員さえいた。

六〇年代の共和党右派として大統領候補にもなったバリー・ゴールドウォーター（アリゾナ州選出）が人種差別主義者であるとリベラル派から指摘されるが、彼はリバタリアン（自由至上主義者）であり、人種差別者ではない、と黒人保守派は弁護する。また、六四年公民権法には反対したのだが、それに先立つ五七年、六〇年の公民権法には賛成している。また、六四年に反対した理由は、この法律によって、私人に対する連邦政府の権限が強化されすぎて、憲法違反になる恐れがあると判断したからだという。けっして人種差別の撤廃に反対したわけではないと説明する。さらに、ゴールドウォーターはアリゾナ州のNAACP（全国黒人地位向上協会）のメンバーであり、州軍の人種統合にも尽力しているという。

黒人保守派によると、ジョンソン大統領は次のような反黒人的発言をしているとしているが、引用文献を検索してみると、一九五七年のテキサス州選出の連邦上院議員当時のものであった。背景としては、共和党主導で成立した一九五七年公民権法について語っているようだが、公民権法推進の民主党リベラル派の大統領が、このような発言をしていたことは信じがたいことだ。「最近の黒人（ニグロ）がずうずうしくなっているのは問題だ。なぜなら、彼らはこれまでなかったもの、自分たちの要求を支援する政治的な力を手にしたのだから。これはなんとかしなくてはいけない。彼らを静かにさせるだけのものは与えなければならないが、かといって彼らをこれ以上に力をつけるようなものであってはならない」と。

この引用だけをみると、南部の民主党員として公民権法にあまり関心のないジョンソンらしい差別的ニュアンスを感じるが、実はこの発言はその後半を読めばわかるように、まだ共和党支持の黒人を民主党支持に鞍替えさせようとしている文脈なのだ。このコメントの続きはこうなっている。「われわれがここでまったく手を打たないでいると、黒人の協力者たちがわれわれに反対して団結するだろう。そして彼らを押さえる手立てがなくなり、あらゆる種類の大胆な法案が出され、阻止することができなくなってしまう。そうなったら、かつての再建期［南北戦争後、共和党の連邦政府軍が民主党支配の南部を管理下に置いた］へ逆戻りするだろう」。公民権法に大きな関心をもっていなかった南部の民主党政治家が、黒人にとってはリンカン以上に尊敬すべき大統領となった背景としては、本音はともかくとして、より多くの黒人の支持を得ることが民主党政権とって不可欠と考えていたことは確かだろう。

ジョン・F・ケネディにしても、北部の民主党上院議員（マサチューセッツ州選出）であるわりには公民権法にはあまり関心がなく、一九五七年の公民権法案には反対票を投じているくらいだ。大統領選挙でニクソンに辛勝できたのは、ケネディがジョージア州の留置場に拘留されていたキング牧師を釈放させたことから、熱心な共和党員であるキングの父がニクソン支持をやめてケネディ支持を表明し、多くの黒人がケネディに投票したからである。しかし、保守派によると、実際にはキング家と親交のあるケネディ陣営のスタッフが釈放の交渉に成功したからだという。ケネディはキングの釈放に手助けしたことで南部の白人の支持を失うと、釈放させたスタッフに怒りの言葉を発していたという。ケネディ政権については、いろいろな神話があるが、黒人に関していえば、キングの「私には夢がある」演説で有名な六三年のワシントン大行進に当初反対していたり、司法長官の弟ロバートはＦＢＩ（連邦捜査局）にキング牧師の電話盗聴を許可している。キングは共産主義者ではないかと疑われていたほか、女性関係でも内偵が続いており、Ｊ・エドガー・フーバーＦＢＩ長官は、キングを聖人的指導者のように尊敬されるようになった地位から引きずりおろそうとしていたといわれている。

キング牧師は民主党支持か、共和党支持か

キング牧師はアメリカで最も名誉ある顕彰や尊敬を受けている英雄の一人であるといってよい。こういう人物を象徴的にではあれ、自分たちの仲間であった、同じ大義をもっていたと主張することは、運動を進めるうえで大きな推進力になる。キングは公民権運動を指導した一牧師であり、公職には一度もついていない。一九六四年公民権法と翌年の投票権法の実現に大き

キング牧師

な貢献をしたのは確かである。黒人にとってキングは生きるうえでの力、心のよりどころであって、神に近い存在であったかもしれない。白人にとっても、南部での公民権運動で、キング指導による黒人の平和的な行進に対して、騎馬警官、警察犬、高圧放水車による弾圧が同じ白人の手によって行われているのを見て、大いなる良心の呵責を感じたことだろう。黒人たちがじっと白人の暴力に耐えて、非暴力による権利の要求をしている姿に感動した白人も少なくないはずだ。白人にとってもキングは歴史上の重要人物である。

奴隷制や人種差別という忌まわしい、屈辱的な過去を歴史から消し去ることはできない。過去の過ちには謝罪をする以外に方法はない。その最大のものは、一九八三年にキングの誕生日がアメリカ国家の祝日（一月の第三月曜日）になったことだ。それも、黒人には人気のなかった、というより黒人に冷たかった共和党のレーガン政権においてである。黒人にとっては大きな人種的誇りになったはずだ。なぜなら、個人の名を冠した国家の祝日は、ジョージ・ワシントン誕生日（近年では大統領の日とも呼ばれている）とコロンブス記念日だけだからだ。リンカンもケネディもローズベルトも、国家の祝日になっていない。次に、二〇一二年にキング記念碑が首都ワシントンのナショナル・モールに建造されたことである。近くには、リンカンやジェファソンなどの大統領記念堂があり、キングは歴史上の有名な大統領とならんで首都の国有地に国家の英雄として鎮座しているのである。

このようにキングはアメリカの良心を表す存在であるだけに、現代風にいうなら、言葉は悪いが、客寄せパンダにしようという下心を、保守派もリベラル派も同じようにもち、聖人キングを政治的に利用しようとしている。一番熱心なのがＮＢＲＡ（全国黒人共和党連盟）である。二〇〇八年大統領選挙のさいに、共和党と民主党が激戦となる五〇の選挙区に「マーティン・ルーサー・キング二世は共和党員であった」と書かれた大きな写真入りの看板を立てた。自分たちの団体名も明らかにしている。ＮＢＲＡがキングは共和党員だったという主張に接するまで、キングは公民権運動指導者、公民権運動は民主党の主導というイメージだった。キングが選挙でどちらの党に投票したかについては、文献に接したことがなかったので、著者自身は知らなかった。結論をいうなら、キングは六〇年の大統領選挙で特定候補の支持を表明しなかった。

この事実が判明したのは、少なくとも著者の個人的体験からすれば、奇妙な形でキングの自伝（邦訳『マーティン・ルーサー・キング自伝』）が一九九八年に刊行されたからである。キング家からキング著作集の編纂の依頼を受けたクレイボーン・カーソン（スタンフォード大学教授）が、未発表の論文やメモを整理しながら、すべてが完成するには膨大な時間がかかるので、その前にキングが生きていたらこのような自伝を書いただろうという想定のもとに、すべて彼の言葉を使って自伝に仕上げたという。そこにはキングを理解するうえで貴重な発言が多数含まれている。ケネディがキングを釈放させたことについては、キングは伝記でそれを認め、公に謝辞を表している。恩義を感じた牧師の親が、ニクソン支持からケネディ支持になったことも認めている。そして、両候補から接触のあったこと、何度か面談している事実も公開している。ケネディについては、公民権問題への関心、意欲に感銘したといい、人種統合には知的には賛成しているが感情的なコミットはしていない、黒人のことを全面的には知らなかった、と述べている。ニクソンについては、ケネディよりずっと長い間知っており、アドバイスを求めにきているとしながら、釈放事件のことを何も知らないようなそぶりをしたことから、ニクソンは道徳的に臆病で、危険を冒す気持ちがない人だ、とマイナスの評価をしている。このことが原因でニクソンは選挙に負けたのだと確信している、とキングが述べているのは興味深い。そのころ、多くの黒人たちはまだ日和見的で、態度を決めておらず、どちらかといえばニクソンに傾いていたのにである、という。父親については次のように述べている。

私の父はその電話の問題が起こるまではニクソン支持であった。彼は私のニクソンとの関係を知っていたし、恐らく公民権問題についてはニクソンは相当のことをやってくれると感じていたと思う。またそこには心の深い所で、カトリック信徒が大統領になってはいけないという宗教的感情も少しあったのではないかと思う。確かに私の父はそうした考えにいくらか影響されていて、記録を調べた結果ニクソンを支持していたのだと考えている。だがあの電話の後彼の態度が変わり、彼は強力な声明を発表した。[29]

カトリックという選挙でのマイナス要素をもちながら、ケネディは電話一本で黒人票を大量に獲得して大統領の座を射止めたという感じだが、保守派の主張するように、ケネディが実際には何もしていないというのは本当なのだろうか。一般的に理解されているのは、ケネディがキングの妻コレッタに電話して、キングの釈放に努力するからと告げ、実際には弟ロバートがジョージア州知事と担当判事に釈放を依頼して許可されたことになっている。ケネディ選挙陣営で公民権問題アドバイザーだったハリス・ウォフォード上院議員（ペンシルベニア州選出）によれば、南部白人の離反を恐れたケネディがキングの釈放に反対であったことは確かのようである。しかし、ウォフォードの進言でケネディがコレッタに電話したことも確かである。コレッタは報道陣にその事実を語っている。また、キングの父がカトリック候補に反対する新聞の全面意見広告に、他のバプティストの牧師らと名前を連ねていた。そこで、父の反カトリック感情を少しでも和らげるためにキングの釈放を絶対に実現すべきだ、という忠告は傾聴に値したに違いない。キングが自伝で述べているように、父がケネディがカトリックであることを気にしていたが、可愛い息子を救ってくれたことで、宗教の違いを乗り越えてケネディ支持に踏み切ったようである。そして、その事実を公表したことから、多くの黒人がケネディ支持に傾き、辛くもニクソンに勝利することができたのも事実である。

非党派的態度を貫く

キング自身は自伝で、ケネディとニクソンの違いはあまりないと思っていたという。そして支持表明をしなかったのは、非党派的態度を貫くためであり、いつでも両政党を客観的に見ることができるようにするためだという。とはいえ、もしケネディが一九六四年まで生きていたら、おそらく六四年の選挙でケネディを支持したであろう、と編者カーソンは語っている。ということは、民主党政権にはある程度は満足していたのかもしれない。ケネディ死後の民主党政権を継いだジョンソン時代では、六四年公民権法成立、六五年投票権法成立の公民権運動は順調な成果を上げていった。こうした流れの中では、キングが民主党と同じくらい共和党にも期待していたとは考えにくいが、かといって全面的に民主党リベラル派に期待をしていたわけではない。

公民権運動の舞台をキングは南部から北部のシカゴに移した。南部は社会全体が貧しいのに対して、シカゴなどの北部大都市では黒人がゲットーに閉じ込められ貧困にあえいでいた。白人の黒人に対する憎悪はきわめて激しく敵対的であった。こうした環境で公民権運動を続けることについて、白人リベラル派は恐怖を感じ始めていた。キングが白人の憎悪と敵意をつくりだし、白人の反動を招いていると批判した。キングの反戦運動や貧者の行進など、過激な様相を呈してきたことから、白人の支持者からも孤立する結果を招いた。またキングの側も、白人との人種統合や融合をこれまでモットーとしてきたにもかかわらず、しだいに反体制、反政府の姿勢が強まり、白人との共闘が難しくなり、「一時的な白人との分離」を唱えるようになった。つまり、いまのところは白人の真の協力が得られないので、黒人だけで運動をやっていこうというのだ。統合にかわって分離を目指すなどとは提唱していないが、過渡的な措置として一時的分離を考えたのである。かつては、アメリカの夢を語ったキングは、アメリカの悪夢を抱くようになってしまった。白人リベラル派の仲間の忠告にも聞く耳をもたなくなってしまった。[30]こういう事態では、キングが民主党支持であったかどうか、明確な答えは出せないだろう。

黒人保守派はキングが共和党員であると主張するものの、キングが共和党員として登録したとか、共和党候補に投票したとかという確たる証拠をもっているわけではない。唯一の証言は、キングの姪アルベダ・C・キングが「私の祖父マーティン・ルーサー・キング一世である「ダディ・キング」は共和党員でした。息子のマーティン・ルーサー・キング二世も共和党員でした」と自信をもって力説していることだ。キングの公民権運動の目標が南部の民主党の反対していること、逆にいえば、南部の民主党は黒人を差別し抑圧してきたが、リンカンの共和党は公民権の実現に努力してきたことを考えるなら、キングが民主党支持であるはずがないというのだ。奴隷制維持の南部の民主党が再建期を経て政治力を取り戻し、再び黒人差別法の制定後に黒人の権利を奪い、リンチなどで暴力的に黒人を支配し、制度的な人種分離を完成させた。

そうした動きに対抗して公民権運動が起こったが、街頭運動を制圧しようとして暴力をふるったのは、すべて民主党の州知事や市町村の首長、警察、白人市民である。また、最初の公民権運動組織「全国黒人地位向上協会」（ＮＡＡＣＰ）を設立したのも共和党員であり、議会で公民権法案成立に努力したのも主として共和党である——。黒人保守派はそう主張する。

保守派曰く、黒人の優遇措置であるアファーマティブ・アクションを最初に政策として取り入れたのは共和党ニクソン政権である。とくに保守派は、キングが今日の共和党と同じように、アファーマティブ・アクションには反対していたことを強調する。それを説明するのに利用するのが、キングの「私には夢がある」演説の有名な一節である「私には夢がある。それは、私の四人の小さい子どもが肌の色によってではなく、人格の中身によって評価される国に住めるようになるだろうという夢である」という言葉である。この言葉を素直に解釈すれば、キングは優遇措置ではなく、能力によって黒人が判断されることを期待しているというのだ。自伝では特段、この言葉について説明がないので本当のところは不明だ。しかし、キングは黒人に対する特別措置をワシントン大行進の翌年、六四年出版の『黒人はなぜ待てないか』で次のように求めている。アファーマティブ・アクションの精神とほとんど同じである。

いままでずっと黒人に背負わせてきた不利な諸条件を償うための、なんらかの思いやりを、国家計画のなかに組み入れねばならない……。もし、黒人に押しつけてきた不遇な環境にたいする埋め合わせをし、正しく平等な基盤のうえに黒人を立たせようとするなら、いまというこの時期に、われわれが何か黒人のために特別なことをして返さずして、どうして彼らをアメリカの市民生活の主流へ組み入れることができようか。[31]

最後に、これは政治運動ではよく利用される方法だが、外圧を利用して国内問題を解決しようという例がある。黒人保守派の代表的勢力のＮＢＲＡは二〇一一年に、民主党とオバマ政権の人種差別を調査するように国連に請願書を提出している。キングの公民権運動には同調せずに独自の路線でアメリカの人種差別に取り組んだマルコムＸが、アフリカ諸国と国連を舞台に活動したのと似ている。

民主党に謝罪を求める訴訟

アメリカは訴訟国家とよくいわれ、何事も白黒を裁判で決着をつけることが、日常的に行われている。人種差別についても、いくつもの歴史的判決が出ており、それまで許されていた公共交通機関や公教育での人種分離が違憲となったりしている。アメリカでは、人々の心の奥底に人種偏見の残滓がまだ消えていないかもしれないが、人種間結婚なども含めて、一応、法的には人種差別は許されない社会になっている。歴史を振り返ると、不法な手段で土地を奪われた先住民のインディアンやハワイの人々のなかには、アメリカ政府を訴えて土地を取り返すことを考えたこともあるだろう。世界の多くの国には、このような不幸な歴史的事件がいくらでもある。

黒人保守派はなんと、奴隷制を含む歴史的な黒人差別に対して、民主党全国委員会に謝罪をするよう求める訴訟を二〇〇四年に起こしたのである。原告の中心となったのは、黒人共和党の指導者の一人で牧師のウェイン・ペリーマンである。この訴訟は、連邦最高裁までいったのだが、ペリーマンに原告としての適格がない、つまり彼には個人的な利害関係がないために訴訟を提起する資格がないと判断され敗訴となった。

ペリーマンは一一年に同様な訴訟を起こした。今回は民主党とその責任者であるオバマ大統領を相手に、原告にはNBRA会長のフランシス・ライスが加わった。ライスは具体的な差別事件を体験しているので原告適格をもっている。そしてオバマという具体的な民主党指導者の名前をあげて、差別行為の違法性を訴えている。訴状には一七九二年から二〇一一年までの二〇〇年以上にわたる数々の差別的法律や差別的行為などが示されているという。この訴訟は金銭的な賠償を求めてはおらず、黒人に対する公的な謝罪を要求している。ペリーマンは著書『白人、黒人、人種差別の民主党』（未邦訳、二〇一〇年）で一七九二年から二〇〇九年までに民主党がおかした黒人差別の事例を詳細に紹介している。そして本文の最後でこう述べている。「共和党は党として民主党のような差別的なことを一度たりともしたことがなかった。このことから明らかなのは、アメリカの人種差別の起源は、政治と権力に深く関係していることだ[32]」

と。

約二五〇年にわたる奴隷制は、人道に対する犯罪といわれ、黒人に莫大な負の遺産を残したが、奴隷制と差別に対する連邦政府の公的な謝罪や賠償は、アメリカではまだ実現したことがない。一八六六年に解放された黒人に対して、四〇エーカーの土地とラバを与えるというウィリアム・シャーマン将軍の約束を含む賠償法案が、共和党多数の議会で成立したが、アンドリュー・ジョンソン大統領（民主党員だが、リンカン共和党政権の副大統領を務め、リンカン暗殺後に大統領に昇格した。史上初めて大統領として弾劾裁判を受けたが辛くも無罪となった）が拒否権を行使したため、実現しなかった。一八九四年には、上院で元奴隷とその子どもに年金を支給するという法案が提出されたが、これも可決には至らなかった。

アメリカ国家が少数民族に賠償した例として有名なのは、日系人に対するものである。日米開戦とともに在米日本人一世、二世（アメリカ国籍をもつ市民）など約一一万人が敵性国人として強制収容所に閉じ込められた。日本の同盟国であったドイツとイタリア出身の移民には自由を認めていたので、この措置が日系だけに対する明らかな人種差別的な行為であることを認めたアメリカ政府は、一九八八年に日系人約六万人に対し謝罪し、一人当たり二万ドルの賠償金を支払った。先住インディアンについても賠償の例がある。最高裁は一九八〇年、スー族から一八七七年に不法に土地を奪ったとして、政府に対して一億二二〇〇万ドルの賠償金支払いを命じる判決を出している。

黒人についても、一九九三年にフロリダ州がローズウッド虐殺事件について謝罪し、賠償金を払っている。この事件は、一九二三年に白人女性が黒人に暴行されたとして、白人たちが黒人の町を襲撃し、少なくとも六人の黒人住民を殺害したというものだ。一九七七年には有名なタスキーギ実験の被害者に、合計一〇〇〇万ドルの補償金を支払った例がある。これは、連邦公衆衛生局がアラバマ州タスキーギ研究所で地元の黒人農民を利用した梅毒の医学実験を、一九三二年から七二年まで行ったものだ。何も知らされていない黒人への人体実験である。また、連邦議会の上院が二〇〇五年に、かつて反リンチ法を成立させることができず、黒人の被害者を出してしまったことへの謝罪を決議している（決議には法的拘束力がない）。二〇〇七年には、ノースカロライナ州民主党が、一八九八年暴動のさいに黒人共和党員を殺害したことに謝罪している。

奴隷制への賠償は可能か

奴隷制は道徳や人権の観点からとても許すことができない人類の大きな過ちだと、世界の多くの人が今日では信じている。しかし、人間の歴史を振り返るなら、数百年前まではあたりまえのように人間の売り買いが合法的に行われていた。二一世紀に入った今日でさえ、人身売買はなくなっていない。アメリカでは一六一九年に二〇人の黒人（奴隷か年季契約移民か不明とされる）が、オランダ船によってバージニア植民地のジェームズタウンにつれてこられ、一応一八〇八年に奴隷輸入が禁止された。次いで、南北戦争中の一八六三年に奴隷解放宣言、六五年に終戦を経て憲法修正第一三条によって、奴隷制度と強制労働が禁止された。六六年の憲法修正第一四条で市民的権利、法の平等の保護および適正な法手続きが認められ、黒人は白人と同じように市民となった。奴隷制は道徳的にも人権的にも許されるものではないと現代人は考えるが、アメリカでは憲法が認める合法的な財産所有の形態だったのだ。

アメリカでは多くの黒人が奴隷の子孫であることから、奴隷制の与えた影響が根深く残っており、それらが黒人の生活を左右していると考えられる。奴隷解放の後、南部では再び白人による黒人支配が復活し、憲法上の諸権利をもちながらも、人種分離や黒人差別法によって、市民としての活動の多くが制限されてきた。法の下の平等は、一九六四年公民権法や翌年の投票権法で確立されたとはいうものの、黒人の生活はなかなか向上しない。アジア諸国から人種的少数派が移民として入国し、黒人よりも豊かになっていくのが常態になっている。これまでも黒人の発展の遅れが大きな社会問題になってきた。

キングは奴隷制賠償についてどう考えていたのだろうか。アファーマティブ・アクションと同じような特別措置を認めていたように、政府による援助を求めている。アメリカは第二次世界大戦の直後に、復員兵援護法を制定し、職業訓練や勉学のための資金を提供した。この政府による特別措置を、長年差別と拒絶という敵に包囲されて戦ってきた兵士、つまり恵まれない不遇者（ディスアドバンティジド）に対する生活支援として「不遇者援護法」をキングは提案した。ここで注目すべきは、さすがキング、この対象として貧困白人も含めている。彼らも奴隷制の派生的犠牲者であるという、この提案は、賠償に比べれば、ずっと受け入れやすいものだと思うが、大々的に検討されることはなかった。[33]

他の西欧諸国より奴隷制を長きにわたって維持したことに良心の痛みを感じる白人も少なくなかったし、黒人の側も自由を奪われてきた過去の補償としての優遇措置を求めた。両者の考えが結びついて結実した成功例の一つはアファーマティブ・アクションであろう。その賛否については、すでに述べたとおりである。それよりも古くからある考え方は、白人が奴隷制とその後の人種差別について、奴隷の子孫である黒人に謝罪し、賠償するというものだ。奴隷制は合法的な制度であったとはいえ、議会は解放奴隷に四〇エーカーの土地とラバを与える法案を可決したが、アンドリュー・ジョンソン大統領の拒否権で葬られてしまった。その後もこの種の運動は静かながらも継続していた。とくに、太平洋戦争中に強制収容された在米日本人一世や二世などに政府が謝罪し、賠償金として一人二万ドルを支払ってから、黒人たちの運動に力が入ったといわれている。

奴隷制と戦争中の強制収容と事情は違うが、人種問題がからんでいるという共通点はある。アメリカの団体や政府が人種差別を謝罪した例をいくつか挙げてみよう。黒人差別が日常化していた南部の白人クリスチャンが所属している南部バプティスト教会は、敬虔な信者に対して奴隷を所有することは神も認めていると説教した組織であるが、一九九五年にこれまでの聖書解釈を変更し、奴隷制を含む人種差別が「罪」であることを認め、教会として正式に黒人に謝罪をしている。

連邦議会でも、黒人議員によるいくつかの動きがある。一九八九年以来、議会の会期ごとに賠償法案を提出しているのがジョン・コンヤーズ二世下院議員（ミシガン州選出）である。法案の正式名称は「アフリカ系アメリカ人に対する賠償提案を調査する委員会」（通称HR四〇）というが、HR四〇のほうが有名である。この四〇という数字は、解放奴隷が与えられるはずだった四〇エーカーの土地を象徴的に指しているからだ。法案を要約すると、①奴隷制が基本的権利の侵害であることを認識し、②奴隷制、その結果として解放奴隷に対する人種的・経済的差別であるか否かを調査する委員会を設置し、③これらの差別が今日のアフリカ系アメリカ人にどのような影響を与えたかを検討し、④今日のアフリカ系アメリカ人の受けた被害に対して適切な賠償を議会に提案する。

コンヤーズはキング牧師が暗殺された直後にキング祝日法案を議会に提出した議員の一人である。この法案が実現するのに一五年かかっており、奴隷制賠償法案も、実現するまで提出を続けると述べている。とはいうものの、黒人社会全体が一枚岩になって奴隷制に対する賠償を政府に求めることに賛成しているわけではないので、法案成立の見通しは立ちそうにない。しかし、二〇〇八年になると、下院は奴隷制とその後の黒人差別法（ジム・クロウ法）について謝罪する決議案を可決した。この提案者は選挙区に黒人の多いテネシー州メンフィス選出の白人議員スティーブ・コーエンである。翌年には上院が同じような謝罪決議案を可決している。下院と違うのは、これには但し書きがついていて、この決議は政府に対するいかなる請求を承認したり支持するものではないこと、またアメリカ政府に対するいかなる要求の決着にも利用しないこと、とある。つまり、議会は奴隷制に謝罪はするが、賠償金はいっさい払うつもりはない、ということを明示しているのだ。このころ、元の奴隷州の州議会でも奴隷制に対する謝罪決議がいくつかあった。メリーランド、バージニア、ノースカロライナなどである。

賠償問題は、黒人の運動としての広がりがあまりなく、二〇〇二年にワシントンのナショナル・モールで、黒人左派団体である「全国黒人連合戦線」（ＮＢＵＦ）による数千人規模の集会が開かれたくらいである。この団体は、黒人の高い失業率、貧弱な教育環境、高い死亡率、多数の受刑者数など、すべてが奴隷制と人種差別の影響であり、元奴隷の子孫には特別の年金制度があってしかるべきだと主張している。賠償を実現すべく、ＮＢＵＦは議会への請願運動を行っている。その会長コンラッド・ウォリルは、黒人イスラム団体のネイション・オブ・イスラムの百万人集会、公民権運動の有力団組織の非暴力学生調整委員会などにかかわった活動家である。〇二年の集会にはネイション・オブ・イスラムのルイス・ファラカン会長が演説している。コンヤーズ議員も招かれていたが、今日の代表的黒人指導者であるシャープトンとジャクソンは出席していなかったという。

アメリカの世論も、奴隷制に対する賠償問題にそれほど強い支持を与えていない。二〇〇二年のギャラップ世論調査によると、南北戦争前に奴隷制によって利益を得ていた企業は、奴隷の子孫である黒人に現金給付をすべきかとの質問に対して、すべきと答えたのは回答者全体で二〇％、黒人は五七％、白人は一一％である。黒人向けの奨学金を支給すべきとする黒人は七五％とかなり高いが、全体は四三％、白人三五％と半数に届かない。政府が賠償金を支払うべきという黒人は五五％、全体では一四％、白人にいたっては六％しか支持がない。ＡＢＣニュースの世論調査（二〇〇〇年）では政府が黒人に謝罪すべきかを聞いているが、すべきと答えた黒人は六六％、全体では四二％、白人は三八％であった。このように、黒人の間では当然ながら奴隷制に対する謝罪や賠償を求める意見が過半数を占めているが、圧倒的多数というわけではないし、また頼りの民主党もそれほど関心をもっている様子はみられない。四〇人以上の黒人連邦議員がまとまって法案提出するようなこともない。

オバマ大統領は、奴隷制の賠償について政策的な意見を述べたことはない、と著者は個人的には信じていたのだが、大統領予備選挙中に簡単に述べていることが分かったので、簡単に紹介しておきたい。二〇〇七年七月にサウスカロライナ州チャールストンで、ＣＮＮ主催のテレビ討論会が行われ、一般市民が各地からビデオ画像から候補者に質問をする形で討論が進んだ。ボストンから黒人の青年が奴隷制に対する賠償問題についてどう思うかと質問した。回答者を指名していなかったが、司会のアンダーソン・クーパーがジョン・エドワーズ上院議員（ノースカロライナ州選出、当時）に「黒人は賠償を受けるべきですか」と尋ねると、「反対です。

他の方法で黒人は平等を獲得できます」と答えた。次にオバマが意見を求められ、「ここサウスカロライナで必要な賠償は学校への投資だと思います」というと、大きな拍手が起こった。この州では賠償に反対だが、それにかわる教育への支出を認めるというように理解できるが、はっきり反対という表現は使っていないところに黒人候補として熟慮があるように思う。次に、司会者が「他に意見のある人はいませんか」というと、民主党大統領候補としてはかなり革新的とされるデニス・クシニッチ下院議員（オハイオ州選出、当時）が旧約聖書「イザヤ書」（第五八章一二節）の「破れを繕う者」（口語訳。共同訳は「城壁の破れを直す者」となっている）の例にあげて、「機会の不平等を是正するために賠償は必要です」と賛成意見を述べた。

奴隷制への賠償を支持する黒人を色分けするのは難しいのだが、あえていえば民主党員やリベラル派に多い。黒人保守派は原則的に賠償には反対する。国家からの支援が黒人の努力、自助・自立を阻害する要因になると考えるからだ。例外的だろうが、黒人共和党員でも支持している例がある。レーガン政権で国務省事務次官補を務めたあと、共和党大統領候補を目指したこともあるアラン・キーズは、二〇〇四年連邦上院選挙にイリノイ州から立候補したさい、黒人向けの公約として奴隷制の賠償として納税（社会保障制度への納付金は除く）を三世代にわたって免除するという法案成立を目指すと明言した。労働市場で納税免除の特権があれば、雇用されやすいという利点もあると主張した。共和党保守派としての影響力をもった人から、賠償の具体的政策を示す公約が出たことはきわめて珍しい。キーズはかつて賠償には反対していたが、黒人支持を強化するために方針転換を図ったといわれる。この選挙での民主党の対抗馬は後に大統領となるオバマ（当時、イリノイ州上院議員）である。両党から黒人候補が出馬して、議席を争った。オバマは、黒人が前進するための最善の戦略は、教育を向上させ、雇用差別の撤廃をより強化し、すべての人々を貧困から脱出させることだとして、政府による賠償にはふれなかった。

最近では、一五〇〇年以上の歴史をもつ老舗高級オピニオン誌『アトランティック』（二〇一四年五月）で、同誌の編集者タネヒシ・マーティスが長文の記事「賠償のケース」を発表し、メディアで大きな反響を呼んだ。アメリカが二五〇年にわたって制度的に、奴隷制や人種隔離制で黒人を搾取・抑圧してきた、と詳細な告発を行い、現金による賠償の必要性を主張した。今後の議論の筋道にも影響を与えそうである。

奴隷制賠償の難しさ

アメリカ政府はかつての人種差別的な犯罪行為のいくつかについて、判決や法律にもとづいて謝罪や賠償を行ったことは紹介した。これらの場合は、被害者と加害者が特定できており、その行為自体が当時の法律に違反していなかったのかどうかが改めて問われ、過ちであったと裁判所や議会が認めたために賠償や謝罪が実現したという共通点がある。奴隷制賠償について、厳密な法的判断を下すには、世界的な規模での事実確認をする必要があるといわれており、そのようなことは不可能である、と反対派は主張する。まずは誰に責任があるのか、賠償金は誰が負担するのか。黒人奴隷を輸入して過酷な労働を強いたのは白人所有者であるから、アフリカ諸国からすれば、主要な欧米諸国が賠償すべきだという。国連でもそのような議論がいまだに続いているが、ここではアメリカで賠償議論が進展しない理由を明らかにしたい。

歴史的な事実として理解しておくべき数字としては、奴隷貿易が行われた一六世紀前半から一九世紀後半までに一二五〇万人の黒人が欧米に「輸出」され、そのうち四五万人以上がアメリカ向けであったという。黒人研究者の第一人者ともいえるハーバード大学教授ヘンリー・ルイス・ゲイツが『ニューヨーク・タイムズ』（二〇一〇年四月二三日）で指摘しているのは、「植民地をもったヨーロッパ諸国や長年奴隷制を維持したアメリカについてはよく知られているが、奴隷貿易で果たしたアフリカ人の役割はほとんど議論されていない」ということである。今日のガーナ、旧ベニン王国（現ナイジェリア南部）、アンゴラ、コンゴなどがかつてアフリカ大陸で強大な王国として存在し、近隣の部族を捕虜にしてヨーロッパの奴隷商人に売り渡し、莫大な経済的利益を得ていたという。「奴隷制の賠償を主張する人々は、アフリカ人の重要な役割を無視して、自分たちの祖先が『ルーツ』［アレックス・ヘイリー原作のテレビ・ドラマ、一九七七年］の主人公クンタ・キンテのように悪い白人に誘拐されたように、話を美化している」。近年では自らの果たした役割を認識しているアフリカの指導者もいる、とゲイツは指摘する。たとえば、一九九九年に訪米したベナン共和国のマチュー・ケレク大統領がメリーランド州ボルティモアの黒人教会を訪れたとき、教会員の前にひざまずき、アフリカ人が奴隷貿易で果たした恥ずべき、そして忌まわしい役割を謝罪したことがある。ガーナのジェリー・ローリングス大統領も、同じくアメリカ黒人を前にして謝罪したという。

国連においても、二〇〇一年に南アフリカのダーバンで「人種主義・外国人嫌悪およびそれに類する不寛容に反対する世界会議」（通称、反差別国際会議）が開かれ、奴隷制賠償も議論の一つとなっていた。この会議でのアメリカ代表は、イスラエルのシオニズムが人種差別主義と非難されたことと奴隷制への賠償が議題になったことから、イスラエル代表とともに議場を退場する一幕があった。アメリカ代表団の一人であったコンドリーザ・ライスは、賠償には賛成できないと明言、もっと将来のことを議論すべきだと強調した。民間出席者のなかには公民権運動団体の代表が多数いて、ジェシー・ジャクソンは賠償問題を議論することは重要だとライスに反論していた。

また二〇一三年には、カリブ海の一四ヵ国が奴隷制の被害の賠償をイギリス、フランス、オランダの三国に求めることを決め、国際司法裁判所に提訴することになった。「人道に対する恐るべき負の遺産は、なおカリブ諸国に残っている。国々と人々の発展のために償いが行われなければならない」と主張している。かつてアフリカの黒人王国が白人の奴隷商人に同じ黒人の仲間を奴隷として売り渡していたことを、カリブ海諸国がどう考えているかは残念ながら発表がなかった。こうした訴えに対して、イギリスやフランスの首相や大統領は謝罪の言葉を明らかにしているものの、賠償に応じるとは一言もいっていない。
アメリカで賠償問題があまり議論されていないもう一つの原因は、黒人自身が黒人奴隷を所有していたことである。一八三〇年の国勢調査によると、当時の自由黒人で奴隷を所有していた者が三八〇〇人ほどいて、その奴隷は合計で一万三〇〇〇人近くいた。奴隷所有者の子孫も賠償を受けることになってよいのか、と反対派は主張する。アメリカには戸籍がないので、自分のルーツを専門機関に依頼しないと、奴隷だったか奴隷所有者だったかは判別が難しいとされる。かといって、自由黒人には肌の色の薄い（ライトスキン）黒人が多かったとされるので、肌の色の黒い（ダークスキン）黒人が肌の色の薄い黒人を訴えるなどということもできないだろう。

賠償の難しさのなかで大きな問題は、加害者と被害者が特定できないこと以外にもいくつかある。支払うとなると、政府による賠償金は当然税金であり、その税金は奴隷所有者の子孫の白人だけではなく、奴隷を所有しなかった白人の子孫、奴隷制廃止後の白人移民、黒人以外の少数民族も納めている。奴隷制とはまったく関係のない人々が黒人のみへの賠償金を認めるかどうかである。白人にしても、当時奴隷を所有していたのは南部で五人に一人程度といわれている。黒人差別は全白人が行ったと仮定しても、所有者はほんの一部の南部人である。また、アメリカ黒人のなかには、奴隷制廃止以後にアフリカやカリブ海諸国から移民として入国した者もいる。賠償反対派のなかには、黒人は公民権運動の成果として、すでに貧困対策や福祉の充実、アファーマティブ・アクションなどによって、不幸な過去は政府によって償われている、と主張する者もいる。また、政府の黒人対策によって、豊かな黒人の中流階層や富裕階層が生まれている。こういう人々までもが賠償を受けるのか、と疑問を呈している反対派もいる。人種的にも文化的にも、アメリカはますます多様性の豊かな国になっている。そのなかで、特定の人種や民族が過去の歴史を理由に特別待遇を受けることは、将来の多人種・多民族国家を不安定なものにする危険性が高い、という理性的な判断をする人も少なくない。

アメリカ国内での訴訟については、二〇〇二年に連邦地裁に提訴されたが、〇四年には棄却されている。その理由は、原告が訴えている奴隷制時代に奴隷で利益を得たという企業と原告の関係が明確でないという。また、奴隷制の賠償は歴史的にも憲法上も、立法府と行政府がかかわってきた問題であり、司法の権限の範囲を超えているという判断である。奴隷制はけっして過去の歴史問題ではなく、今日においても奴隷問題を扱った映画『それでも夜は明ける』（原題は「一二年間奴隷」）が二〇一四年アカデミー賞の作品賞、助演女優賞、脚色賞の三部門を受賞したり、奴隷解放の父を扱った『リンカーン』、プランテーションを扱った映画『ジャンゴ　繋がれざる者』も相次いで大きな話題になっているので、アメリカ国民の奴隷制への関心はそれほど薄らいではいない。歴史の加害者と被害者の問題が、奴隷制だけでなく他の歴史的事実も含めて、今日のアメリカがどう解決するか。人種を超えて、また保守・リベラルの違いを超えて、将来を見据えて考える必要があるだろう。

三　共和党内における黒人党員の役割

二〇一〇年は「黒人共和党員の年」

リンカンの党、奴隷解放の党としての共和党をいまだに信じている、あるいは信じたいとする黒人保守派は、はたして実際の政治においてどれだけの力をもっているのだろうか。政治勢力として活躍できる基本的な場とか役割をもっているのだろうか。これまで、共和党の思想やイデオロギー、歴史的な人物の紹介などを行ってきたが、選挙で選ばれた公選職についている人は登場していない。ブッシュ政権でスター的な存在であったパウエルとライスは大統領が任命する政治任命職についていたのであり、選挙の洗礼を受けていない。二人とも共和党の大統領候補として話題になったことはあったが、実現しなかった。黒人共和党員としてはあまりにも二人が有名であったがゆえに、実際の選挙を戦ってワシントンの政治の舞台に登場していた共和党黒人議員や政党活動家などの存在はほとんどかすれてしまって、その存在さえ忘れられてしまった感じさえする。二年に一度は連邦選挙があるにもかかわらず、黒人というと民主党議員のことであり、共和党の黒人議員のことはメディアもあまり関心を示すことがなかった。アメリカ史上初の黒人大統領が誕生したこともあって、反対党の、いるかいないかもはっきりしない黒人政治家など、メディアも有権者も気にかけることはほとんどなかった。

しかし、皮肉なもので、共和党が議会審議でリベラル派の黒人大統領の提案をほとんど無視してきたこともあって、保守派の黒人共和党員はオバマの政策を放っておけないと危機感を抱き、立候補をしようとする者が多数現れた。と同時に、黒人でも大統領に選出されることに自信をもち、白人が多数を占める選挙区から黒人の新人が共和党から出馬する決心をするに至ったのである。南部の再建期以降、初めての現象であるが、共和党の黒人候補がなんと三〇人以上も二〇一〇年の連邦議会選挙に立候補したのだ。この歴史的動向を『ニューヨーク・タイムズ』が一〇年五月初めに報道してから、多くの全国メディアが黒人共和党候補者のことを取り上げるようになった。最終的には共和党の予備選挙に出馬した黒人は四三人となった。上院選挙にも三人が挑戦した。そして一五人が本選挙に進み、二人が当選を果たすという成果を上げた（次頁の図1参照）。一人はビジネスマンでサウスカロライナ州選出のティム・スコット、もう一人は退役軍人でフロリダ州選出のアレン・ウエストである。二人に共通しているのは、貧しい家庭に育っていることと、白人有権者が多数を占める選挙区で当選していることだ。民主党の黒人政治家は多くが、黒人票を期待できる選挙区から出馬している。黒人共和党候補は、黒人社会のなかでもきわめて少数派であるから、白人の支持を得ることが不可欠である。

黒人共和党員が当選するのはきわめて難しい。なにせ超少数派である。黒人有権者の九割は民主党支持、しかも忠実な民主党支持者である。二〇一〇年に共和党を支持したのは九％前後にすぎない。そのうえに、共和党の予備選挙では黒人で投票する人は全体の一～二％しかいな

図1　上院・下院候補者数の政党別人種・民族分布　2006-2012年

単位：人

	2006年選挙		2008年選挙		2010年選挙		2012年選挙	
	予備選挙	本選挙	予備選挙	本選挙	予備選挙	本選挙	予備選挙	本選挙
民主党	787	444	754	446	711	437	748	386
白人	610	368	579	362	527	348	547	299
黒人	84	43	90	47	118	50	124	59
ヒスパニック	30	25	44	28	35	25	50	17
アジア系	17	6	12	8	16	12	17	10
先住アメリカ人	2	0	5	0	2	1	3	0
不明	44	2	24	1	13	1	6	1
共和党	671	411	709	417	1256	458	884	394
白人	570	373	645	387	1124	414	804	360
黒人	22	13	16	11	43	15	33	10
ヒスパニック	15	8	12	9	43	20	25	16
アジア系	10	6	15	6	19	5	13	4
先住アメリカ人	3	2	1	1	2	2	2	2
不明	51	9	20	3	25	2	7	2

出典：Bernard L. Fraga, "Race, Party, and Candidates across the Multiple Stages of Congressional Elections," March 12, 2014. http://www.bernardfraga.com

い。一％でも出口調査で数字として現れるのはよいほうで、多くの調査結果では黒人票は％で示されない。黒人共和党員が議席を獲得したのは、〇三年にJ・C・ワッツ（ケンタッキー州選出）が引退してから初めてである。しかも、反対党に大人気の黒人大統領がいるなかでの当選であるから、黒人保守派の新たな台頭を期待する向きもあった。とくに、スコットの場合、かつての共和党保守の総帥といわれたストロム・サーモンド上院議員の息子を予備選で破ったことと、黒人差別を批判されたティー・パーティーの支援を受けたことで大きな話題となった。強い信仰心をもったスコットの選挙公約は、減税、反中絶、反組合を前面に出したもので、白人の共和党保守派の主張とほとんど変わらない。

先述のように、共和党の黒人は予備選で四〇人超が立候補し、本選挙に出馬できたのは一五人（しかも白人多数区での戦い）、当選は二人であるが、民主党の黒人の場合は、一〇〇人以上が予備選に参加、五〇人が本選挙に進み（黒人の安定票を期待できる選挙区が多い。図1参照）、四四人が当選しているのをみれば、共和党の黒人がいかに厳しい戦いをしているかがわかる。加えて、共和党本部は黒人の選挙をほとんど支援していない。黒人は共和党から出馬したほうが当選しやすいという説も一部にはあるが、議員経験のある人がいないなかで黒人が白人保守派の理解を得ていくのは簡単なことではないだろう。黒人共和党候補は、一九九四年と二〇〇〇年にそれぞれ二四人が本選挙に出馬している記録がある。今回は予備選に多数の若い保守派の黒人が、すべての黒人が長年にわたって夢見た黒人大統領が誕生したにもかかわらず、そのリベラルな黒人に不満をもって反対党から立候補したということに、黒人の政治参加の運動に何か新鮮なものを感じることができた。また、州レベルの公職選挙では、フロリダ州副知事に女性州下院議員のジェニファー・キャロルが当選している。キャロルはアメリカ生まれの黒人ではなく、トリニダード・トバゴ出身のいわゆるカリブ海系黒人である。

党内での役割はあるのか

二〇一二年はオバマが再選に全力をかけた選挙である。共和党もなんとか再選を阻止して、ホワイトハウスと上院を奪還しようとあらゆる手段を動員した。そのうちの一つが、黒人やヒスパニックなどのマイノリティの支持者を増やそうとする戦略である。まずは身近にいる黒人共和党員の活用だが、政策的に貧困層向けの福祉政策がほとんど否定されているので、黒人共和党員としてもマイノリティの支持を得るためのインセンティブをもてない。保守の哲学を説くだけでは、同じ黒人といえども理解をしてくれないだろう。

大統領選挙の年には党大会が開催されるが、共和党はどれだけの黒人を配置しているのだろうか。党の本部としての機能をもつ共和党全国委員会（RNC）の構成をみると、党役員の下に各州から三人の委員（一人は女性に割り当てる）が選出され、全体で一六五人といわれる。このうち黒人はわずか二人（二〇一〇年度）、一・二％にすぎない。州レベルの委員会では一二州に黒人委員がいるという。黒人のなかでも共和党支持者が一割程度となれば、黒人に偏見をもつ白人もまだいる政党がどこまでマイノリティの勢力の伸長に努力するかは疑わしい面もある。党大会には正式の代議員（デレゲート）二二八六人が出席するが、黒人代議員は四七人（全体の二・一％）だけである。これに補欠代議員（オルターネイト）二一五人がつく。二〇〇八年党大会よりも約一〇人ずつ減っている。

四年に一度の政治のお祭りとして、民主・共和両党の党大会の様子は大々的にメディアで報道されるが、共和党大会でマイノリティの顔を見ることは難しい。その原因の一つに、圧倒的に白人代議員やその補欠が多いからだ。共和党はオバマの再選を阻止するには、白人の支持だけでは人口動態からしても無理なので、マイノリティや女性の支持を増やそうとしてきたが、白人のメンタリティはそう急激に変革できるものではないのだろう。それでも、キーノート・スピーカーには元国務長官のライスをはじめ、ミット・ロムニー大統領候補も目をかけている黒人女性で、モルモン教徒の若い市長ミア・ラブ（ユタ州から下院議員の立候補、一二年は予備選で敗れたが、一四年は予備選で勝利した）、民主党から鞍替えした黒人男性を登壇させ、共和党は黒人を大切に扱っていることを訴えていた。党としてはマイノリティを重視しているという姿勢を見せながら、一般党員のなかには人種偏見の持ち主もいる。たとえば、会場を取材していた黒人女性のカメラマンにナッツが投げられ、動物にエサをやるのはこうするのだといって、人種差別的な行為が公然と行われているのだ。全国民が関心をもってみている注目の政治舞台において、このようなあからさまな蛮行が行われるというのは、党指導部が十分な意識変革の必要性を一般党員に理解させていないことを示している。

二〇一二年議会選挙では黒人共和党員は三二人が立候補し、一一人が本選挙に勝ち残った（図1参照）。そのうちの一人（メリーランド州）は上院選挙に挑んだ。現職の下院議員二人（スコットとウエスト）が善戦して、前回よりは多くの当選者を出すことが期待されたが、フロリダのウエストは僅差で敗れ再選を果たせなかったし、新しい当選者を出すこともできなかった。

図２　黒人有権者全体と18～25歳の黒人有権者の共和党支持率の変化 1984-2008年

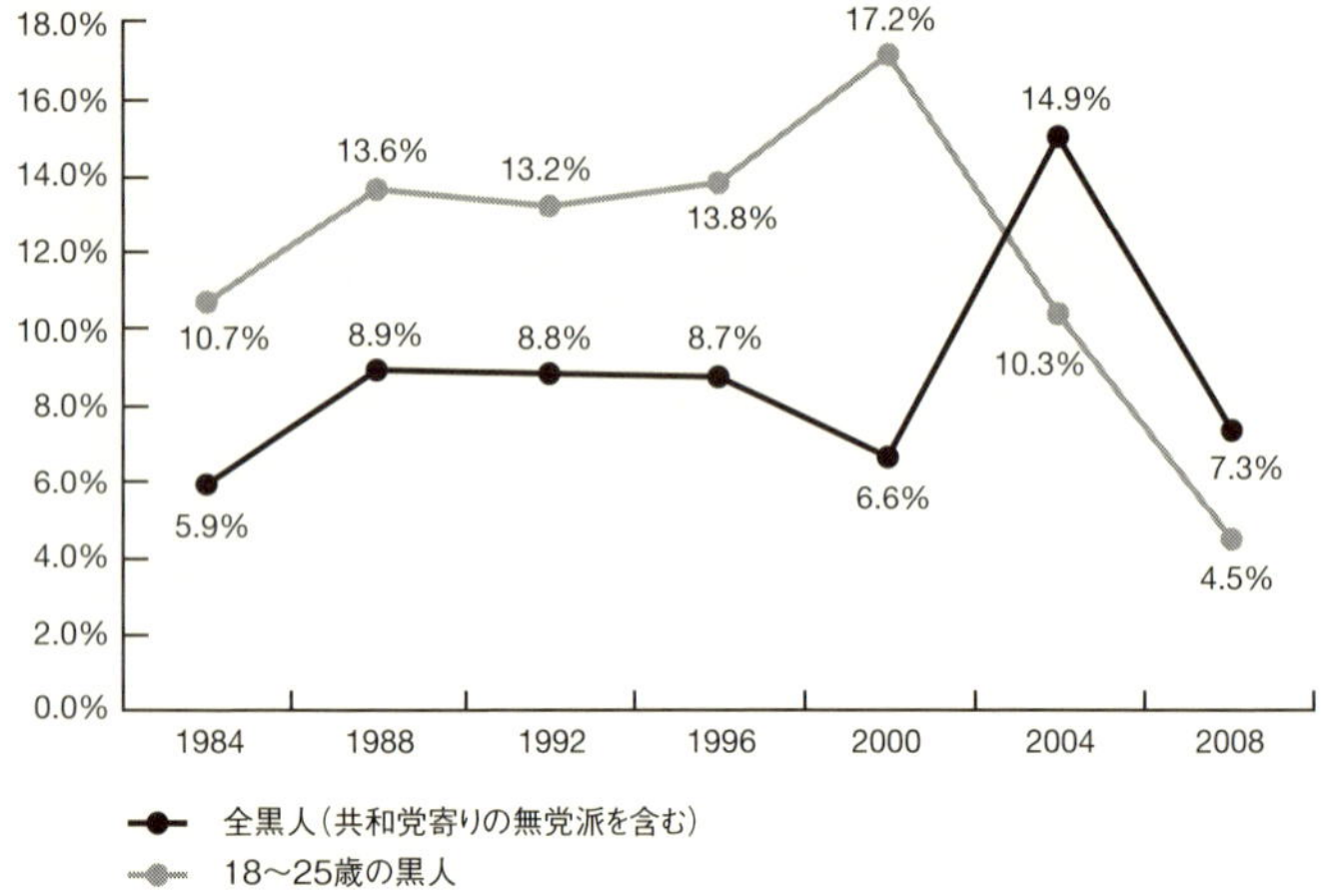

出典：David Bositis, “Blacks & the 2012 Republican National Convention,” Joint Center for Political and Economic Studies, 2012. http://jointcenter.org

黒人の共和党支持率などはほとんどメディアの話題にもならないほど、名目上のわずかな数字でしかない。ロムニーに対してはほとんどゼロという州がいくつかあった。もちろん本当に黒人の一人もロムニーに投票しなかったというのではなく、出口調査の結果には統計数字で示すことができなかったということだろう。医療保険にも反対、福祉にも反対、富裕層の減税、四七％の国民は税金を払っていない、などと主張する候補には、黒人共和党員でも票を入れることをためらってしまうに違いない。

黒人全体の共和党支持率をここ数十年でみてみると（図２参照）、一〇％以下がほとんどで、例外的に二〇〇四年一五％弱に上がったが、オバマが登場してからは七％台に戻っている。また、一八歳から二五歳の若い層は、黒人全体よりも支持率が高く、一〇％を超えている。二〇〇〇年には一七％強まで伸びたが、オバマ出現後は四％台に急落している。共和党大統領候補への支持率をみると、レーガンが一二％、ブッシュ（子）が一一％と高いのに対して、マケインは四％（図3参照）、ロムニー六％とかなり低い。大統領選挙の予備選で敗れたとはいえ、ロムニーの父

図３　黒人有権者の大統領への投票と政党支持率
1936-2008年
単位：％

		民主党	共和党	その他／無党派
1936	大統領への投票	71	28	1
	政党支持率	44	37	19
1940	大統領への投票	67	32	−
	政党支持率	42	42	16
1944	大統領への投票	68	32	−
	政党支持率	40	40	21
1948	大統領への投票	77	23	−
	政党支持率	56	25	19
1952	大統領への投票	76	24	−
	政党支持率	66	18	16
1956	大統領への投票	61	39	−
	政党支持率	56	24	22
1960	大統領への投票	68	32	−
	政党支持率	58	22	20
1964	大統領への投票	94	6	−
	政党支持率	82	8	10
1968	大統領への投票	85	15	−
	政党支持率	92	3	5
1972	大統領への投票	87	13	−
	政党支持率	75	5	20
1976	大統領への投票	85	15	−
	政党支持率	84	5	11
1980	大統領への投票	86	12	2
	政党支持率	81	8	10
1984	大統領への投票	89	9	2
	政党支持率	77	5	18
1988	大統領への投票	88	10	2
	政党支持率	83	9	8
1992	大統領への投票	82	11	7
	政党支持率	86	9	5
1996	大統領への投票	84	12	4
	政党支持率	81	9	6
2000	大統領への投票	90	8	2
	政党支持率	88	7	5
2004	大統領への投票	88	11	1
	政党支持率	74	15	11
2008	大統領への投票	95	4	1
	政党支持率	76	4	20

出　典：David Bositis, “Blacks & the 2012 Republican National Convention,” Joint Center for Political and Economic Studies, 2012. http://jointcenter.org

ジョージ・ロムニー（当時ミシガン州知事）は、公民権運動に理解があり、州内では黒人票の三〇％を獲得するほど黒人にも人気があった。キング牧師からも高く評価されていた。リンカンの党の要素がまだ共和党に残っていた時代なので、黒人の支持も高かったわけだ。息子の時代では、中道穏健の路線は党内で支持されないために、人種偏見を強くもった言動をあからさまにするティー・パーティーらの保守派路線を歩まざるをえなかったのだろう。

党勢拡大のためにマイノリティへのアウトリーチ

多人種・多民族の国アメリカは、ますます多様性の傾向が強くなっている。国勢調査局の推計では、二〇四二年にはこれまで多数派であった白人が、人口のうえではマイノリティに転落するとされている。かといって、白人が政治や経済で力を失うことにはならないが、心理的な不安は年々強まっていくだろう。選挙においても、マイノリティ有権者が増大しているので、その票が勝敗を支配する選挙区も多くなる。共和党は近い将来にそうした危機に直面することが予想される。つまり、白人に頼り切っている政党なので、白人人口が減少してマイノリティの票が増えなければ、全体の得票数は年々減少してしまうのだ。民主党はマイノリティの増加によって、ますます多様性に富んだ政党になり、共和党は逆に先細りをしていく危機にある。

歴史的にみると、アメリカ全体における共和党の支持率は民主党より低いのが普通だが、近年では両党の差が縮まってきている。ギャラップの二〇一〇年調査では、民主党支持と民主党寄りを合わせて四六％に対して、共和党支持と共和党寄りを合わせた数字は四五％とほとんど差がない。オバマが大統領に当選した〇八年は五三％対三九％と、共和党はかなり水をあけられていた。しかし、白人だけの政党支持率をみると、共和党はずっと民主党を上回っている。ギャラップの一四年三月の調査によると、二〇〇九～一三年のオバマ政権では、共和党の白人支持率は平均して五〇％強、民主党は四〇％強で一〇ポイントの差がある。ブッシュ政権（二〇〇一～〇八年）では四八％対四三％、クリントン政権（一九九五～二〇〇〇年）では四六％対四二％であり、今日の共和党の白人支持は強まっている。

白人の支持が減少しているオバマ民主党政権ではあるが、マイノリティがしっかりと民主党を支えているのである。マイノリティの民主党支持率と共和党支持率は大きな差がある。オバマ政権では六八％対二一％、ブッシュ政権では六九％対二二％、クリントン政権では六八％対二一％であった。この二つの支持率の傾向からすれば、今後ますます人口の多様化が進むアメリカでは、白人に依存しすぎる共和党は支持基盤が弱まり、いずれは後退の危機に遭遇することになる。その一方で、白人の支持が減少しても、マイノリティの増加で支持基盤がますます安定する民主党は、少なくとも人口動態的には優位な地位を保つことができる。実際のところ、白人の人口がマイノリティの人口より少ない州がすでに四州あり、首都ワシントンがこれに加わる。ハワイ州は昔からマイノリティ人口が多く七七％を占める。次いで、カリフォルニア州が六〇％、ニューメキシコ州六〇％弱、テキサス州五五％強、首都ワシントン六五％弱となっている。全国的にみても、二〇一二年の二〇歳以下のマイノリティ人口は四七％と半数に近づいている。新生児は、マイノリティがすでに白人を上回っている。一六年大統領選挙では、こうした人口動態変化が勝敗に大きく影響するのは間違いない。

それでは共和党の人種・民族的な支持率を詳しく見てみよう。二〇一二年のギャラップ調査によると、共和党支持者の内訳は、白人が八八％、黒人二％、ヒスパニック六％、その他四％となっている。〇九年と〇〇年のピュー・リサーチ・センターの調査でも、この割合はほぼ同じである。共和党はなんとしても、黒人とヒスパニックを主としたマイノリティの支持者を増やさなければならないのは明らかだ。オバマがアメリカ史上初めて黒人として大統領に当選した時、白人の支持は四三％しか受けられなかったが、黒人票の九五％、ヒスパニック票の六七％と、大量のマイノリティ票を獲得したことを忘れてはならない。このとき、有権者の七四％が白人であり、マイノリティが結束しなかったら、黒人候補の当選は難しかったのである。一九八〇年にレーガンが当選した時の白人有権者の比率は八八％もあったことを考えると、白人票はいまだ大多数を占めるものの、一枚岩でない以上、マイノリティ票がまとまることによって、マジョリティを脅かすこともありえることを示している。

黒人大統領が誕生してから、共和党は真剣に党の再生をはかるべく改革に乗り出した。その一環として、共和党全国委員長に党史上初の黒人を選出した。マイケル・スティールはメリーランド州副知事を経験してからの出馬だが、州副知事も共和党としては史上初であった。黒人が共和党全国委員会（RNC）の司令塔になったので、マイノリティへのアウトリーチはより活発化するものと期待されたが、その司令塔がかえって「アンクル・トム」と軽蔑されることもあり、党の再生は順調にはいかなかった。そのうえに党資金の負債が増加し、不明瞭な支出があったことなどから、二期目を目指す選挙（二〇一一年）ではスティールは敗北した。スティールの後継者となったウィスコンシン州党委員長のラインス・プリーバス（白人）は、一六歳から党活動に参加しており、党運営のベテランであった。このRNC委員長選では、かつてフットボール選手出身の黒人共和党下院議員（オクラホマ州選出、一九九五〜二〇〇二年）として、国民的人気を得ていたJ・C・ワッツに一部から強い出馬要請があったが、実現しなかった。ワッツは、共和党が黒人やヒスパニックに対するイメージを変えなければ、衰退するばかりだという危機感をもっていたといわれる。人種・民族の多様性を党内に取り入れることを提案していたので、出馬の時期としてはよかったと思われるが、踏み切ることができなかった。ワッツは共和党中道派に位置しており、党の極端な保守化には警告を発していたし、オバマが立候補した時には、共和党が路線を変更しないなら自分はオバマを支持するかもしれないとまで公言していた（本当にオバマに投票したかどうかは明らかにしていない）。その一方で、ワッツを副大統領候補にしてマイノリティ票を獲得しようという動きもあった。その意味では、マイノリティへのアウトリーチによって党勢拡大を図るという大仕事をするには、ワッツは適任だったといえる。

ワッツは自伝『保守とは何色か――私の人生と私の政治』（未邦訳）で家族全員が民主党員で、自分も他の黒人と同じように民主党員として登録していたが、共和党に鞍替えしたことを白状している。きっかけはこうである。まだ南部バプティスト教会の牧師をしているころ、連邦上院議員の選挙演説会である候補者の主張に納得がいった。それは、信仰、家族、勤勉、小企業の重要性、自らの行動に対する自己責任であるが、これらは父がいつも語っていた価値観であり、共和党の白人候補の公約であるはずがないと思ってしまった。ここで共和党の種が自分の心にまかれ、九年後に実を結んだという。一九八八年の大統領選挙では、これが最後だと自分に言い聞かせて、民主党のマイケル・デュカーキスに投票をしてしまったが、その翌年から共和党員として登録した。共和党員になることは進化の過程だったという（一四八～一五二頁）。一九九四年にほとんどが白人の選挙区から連邦下院議員選挙に立候補したワッツは、再建期以来では南部では初の黒人共和党議員となった。

黒人共和党議員としては、九〇年選挙でゲーリー・フランクスがコネティカット州から当選していた。フランクスも、三〇年代半ばまで在職したデプリースト以来、久々の黒人共和党議員である。彼は黒人議員連盟（CBC、一九七一年に民主党議員で結成）には一応参加した初の共和党議員であった。しかし、ワッツはCBCが一つのイデオロギーに支配され、集団行動を取っているとして参加しなかった。人種・民族を重視する政治には反対だった。それに加えて、このグループは民主党優先で、黒人のことは二番目になっているという[34]。アファーマティブ・

アクションについては、経済的必要性にもとづくものなら賛成する。この場合、人種は問わない。白人も資格ありとする。人種を判断基準にすると、その人種に能力が欠けると国民に判断されてしまう。そのうえ、被害者意識をもったまままゆのように自分を包み込んでしまう危険があるという。[35]

共和党としては、黒人でありながら民主党を捨て、黒人の支援がほとんどないなかで共和党員として何度も当選した実績をもつ黒人をもっと活用すべきであった。ワッツは父や親戚に聖職者がいて、自らも牧師の資格をもち、演説の名手として有名である。第二、第三のワッツを誕生させるためには、ワッツほどマイノリティのアウトリーチに適した人材は考えられないのだから。

国民的英雄ジャッキー・ロビンソンの活用

国民的英雄の黒人を活用することは政党として当然のことであるが、共和党はまだ黒人の心情を細かく読み切れないケースもある。アメリカの大リーグでは毎年四月になると、全員が永久欠番である背番号「42」のユニフォームで試合をする日があるのを、野球ファンでなくとも思い出す。映画『42――世界を変えた男』（二〇一三年）では、政治的なことはほとんどふれていなかったが、プロ野球界で初めて人種の壁を破ったジャッキー・ロビンソン（一九一九～一九七二年、ブルックリン・ドジャーズ所属）の活用の点でも共和党は失敗したように思う。一九六

○年の大統領選挙と黒人の関係というと、いつもキング牧師とその父のエピソードしか出てこないが、実はロビンソンに対してもマイノリティ票獲得のためにニクソンがアプローチしていたのだ。ロビンソンはニクソンが副大統領の時代から懇意にしており、公民権についてはケネディよりもニクソンのほうが黒人に対する理解が進んでいると判断した。ケネディについては、上院の一九五七年公民権法案に反対票を投じていたことと、会った時に自分の目を見てくれなかったので投票しなかったという。その時の様子が『ジャッキー・ロビンソン自伝』にこう描かれている。ケネディのエピソードとしては大変に珍しいものだ。

> 会ってみると、ケネディ氏は礼儀正しい人だった。相手が私の気にいろうと努力しているのは明らかだった。しかし、私と話を進めようとしながら、どことなくぎこちなさを感じていることも明らかだった。それにしても、本当にちょっとしたことだが、一つの決断に決定的な影響を与えるのだから不思議なものだ。私がケネディ上院議員に会ったときの最初の印象も、一種の疑惑の念であった。というのは、彼が私の目をまっすぐ見ることができず、また見ようともしていなかったからだ。質問に答えたり意見を述べたりするたびに、彼は私の顔を見ないで、まるで力になってほしいようにボウルズ知事［ロビンソンと親しい前コネティカット州知事で、この会談をセットした］の顔を直接見るのであった。[36]

こうした気まずい会談の最後に、信じがたいことではあるが、ケネディが「応援してもらうためには、いったいいくら金を出せばいいか」と聞いているのだ。ロビンソンは金などいらない、黒人にとって最善の候補を応援したいだけだと答え、後日ケネディに手紙を書き、人の目を見て話すように忠告した、と述べている。そして大統領選挙では、実際にニクソンを応援し、投票もしている。しかし、途中でケネディのほうが魅力的であると思うようになったとも述べている。

ジャッキー・ロビンソン

一九六四年の大統領選挙では、本来はリバタリアン（自由至上主義者）といわれるが、一般的には超保守派のバリー・ゴールドウォーターが共和党大統領候補となった。当初から、ロビンソンは公民権法案に反対していたゴールドウォーターを支持するつもりはなかったが、彼から自分の考えをもっと理解してほしいので、ぜひ会って話し合いたいという要請を受けていた。ロビンソンは会うための条件を示した手紙を投函すると同時にメディアに公開してしまった。結局その返事はなかった。しかし、特別補佐官として、予備選挙の有力候補であったネルソン・ロックフェラー（ニューヨーク州知事）を応援していたこともあり、ロックフェラーの要請で共和党大会に出席することになった。その結果、あまりにも黒人の人権を無視した議論ばかりであったために、少数の黒人代議員と協力して、ゴールドウォーターが大統領候補になるのを妨害する行動もしてみたが、党の保守化は確かな流れになっていたので、ロビンソンの反対は徒労に終わってしまった。そのかわり、ロビンソンは対立候補の民主党リンドン・ジョンソンを当選させる共和党員の運動を後押しすることになった。この運動でかなりの票をゴールドウォーターは失ったといわれ、ジョンソンに大敗した。

次の一九六八年大統領選挙では、ニクソンが差別主義者と黒人に嫌われていたスピロ・アグニュー（当時メリーランド州知事）を副大統領候補に選んだので、ロビンソンは民主党大統領候補のヒューバート・ハンフリー（当時ミネソタ州選出上院議員）を支持すると公言している。ロビンソンは自伝で、自分は政治的には特定の政党に所属したことはなく無所属であると述べている。政治家との関係からすれば、共和党員の行動そのものだが、政策面では共和党中道派で公民権に理解ある人との関係が深いので、民主党員であってもおかしくない。とはいえ、実業家でもあり、実力をもって差別と闘ったスター選手は自助・自立の強い信念をもっているので、心情的には共和党にコミットしているようであり、共和党としては大いに利用価値があったはずである。キング牧師を尊敬していたロビンソンだが、ベトナム反戦運動については賛同できないとして、一般の黒人世論とは異なる保守的な立場を示した。

アメリカの野球好きの国民性も影響しているだろうが、一人の黒人選手の背番号を永久欠番にするだけでなく、強制がないのに、また一日だけとはいえ、アメリカのすべての試合で選手、監督、コーチなどが42の背番号をつけたユニフォームを着て、ロビンソンに敬意を払うというのは、どういうメンタリティなのだろうか。黒人でここまで国民的な英雄扱いされている人物は、キング牧師以外に思い出せない。露骨な党勢拡大の宣伝材料に活用するのは難しいだろうが、党のイメージのある部分を国民に訴えるうえでは役に立つのではないか。

黒人コミュニティに乗り込む大胆な戦術

共和党はビッグ・テントにたとえて、党は多様の人々を受け入れていくと言及してきたが、実際にはアメリカ全体が人口構成で褐色、つまり有色人種が増えた状態になっているのに、ますます白い党に近づいている。しかし、二〇一二年のオバマ再選を許してしまったことから、本気で党はマイノリティへのアウトリーチに取り組んでいる。敗北一年後には「成長と機会プロジェクト」という現状分析と将来の戦略を示した報告書を発表した。マイノリティ、女性、若者の支持を増やすための戦略の実現に力を入れている。黒人については、直接黒人コミュニティに働きかけるとしている。そのためには活動の拠点をつくり、黒人の人材を多数投入する必要を説いている。実際のところ、一三年には約一七〇人の専門スタッフが雇われた。たとえば「GOP（共和党の別名）大使」をマイノリティのコミュニティに派遣している地区もある。また、全国黒人地位向上協会（NAACP）のような組織を設立して、黒人の共和党員をリクルートする。黒人は盲目的に民主党に投票していることが多いので、共和党の政策のほうが黒人のためになるのだということを理解してもらう必要がある。黒人の大学にも出向き、将来の指導者になる若者に共和党理解を広めていくという。

プリーバスRNC（共和党全国委員会）委員長は、大胆にも黒人が八割以上を占めるデトロイト（イリノイ州）に共和党支部としての「黒人有権者アウトリーチ・センター」を二〇一三年に開設した。開設記念講演で、ランド・ポール上院議員（ケンタッキー州選出）は、民主党支配によって財政が破綻状態にある自動車都市デトロイトを共和党流の小さい政府、自由市場、規制緩和などによって立て直そうと訴える一方で、多様性のある党の必要性を説いたが、聴衆の多くは白人だったという。一六年大統領選挙への出馬をうわさされるポール議員は、次に黒人のハーバード大学ともいわれるハワード大学で講演をすることになった。党としてはHBCU（一般的には黒人大学の略称だが、正式には、歴史的に黒人のために開校された大学。今日では他の人種・民族も入学できる）に党の支部を開く計画であり、キング牧師の母校でもある名門のモアハウス大学にもすでに支部ができている。プリーバス自身も、一四年七月にNAACPと並んで代表的な公民権運動組織の全国都市同盟（NUL）の全国会議で雇用と教育を重視する共和党の方針などを説明した。

ランド・ポールのハワード大学の講演では、共和党の保守派（正確にはリバタリアンといわれる）で黒人には理解があるとは思えない議員が、黒人大学の最高峰といわれている所に乗り込んで、共和党がなぜ黒人のためになるかを話したのである。これまでの共和党の常識からすれば、そもそもありえないことをあえて決行しようという、ポールの勇気や度胸に関心が集まったことは確かである。話の内容は、共和党が黒人に対してよく使う常套句を連発したもので、新味はなかった。超一流の黒人大学の教職員を前にして、リンカンの共和党がいかに黒人の解放に貢献したかを説明するのは、まさに釈迦に説法であった。しかも、わざわざ「NAACPが共和党によってつくられたのを皆さん知っていますか」などという愚問を発したさいには、会場から笑いが起こったほどだった。二〇分ほどのスピーチの後の質疑応答で、黒人初の上院議員の名前が出てこなかった。すぐさま聴衆から「エドワード・ブルック」と声があがったが、ポールは聞き違えて「エドウィン・ブルックス」と二度も間違った名前をいってしまった。一番きつい質問は、公民権を認めていないようだが差別についてどう考えるかというもの。これに対して、自分は公民権について一貫して支持していると断言したが、ポール議員がかつて否定していたことは確かである。

人種差別や貧困について関心の低い共和党の看板を背負って、敵地に一人乗り込んだという感じのポールの講演会は、概して友好的かつ好評だったといえる。なにしろ、共和党の指導力ある政治家がハワード大学で講演するのは、一九九四年のコリン・パウエル以来初めてだからだ。講演の途中、会場で「ハワード大学は白人優越主義者を支持しない」と書かれた横断幕が掲げられたが、すぐさま警備員によって排除された。その他は、講演ビデオを見る限り、学生の質問は礼儀正しく行われたし、スピーカーもリラックスしていたように見えた。拍手が大きかったのは、大量の黒人が薬物犯罪で刑務所に入れられているのを止めなくてはならない、そのためには法改正が必要と述べた時だった。薬物使用は白人、ヒスパニック、黒人の間に大きな差がないのに、黒人だけが極端に多く有罪になって刑務所送りになっているからだ。この種の発言から、ポール上院議員は典型的な共和党保守派とは異なり、やはりリバタリアン的であることがわかる。ハワード大学の後、選挙区のケンタッキー州で最古の黒人大学といわれるシモンズ大学でも講演を行っている。大統領選挙に向けての運動かもしれないが、共和党をもっと開かれた党にしようと、マイノリティだけではなく貧困層や民主党支持者などへの働きかけをも目標としている。

ポールは、これまでの議会での投票行動ではマイノリティへの思いやりがあるとは思えない。しかし、薬物犯罪に関する公平な扱い、および教育における保護者の選択（チョイス）の自由の二点についての提案は、かなりマイノリティの支持を拡大する効果をもつだろう。エリック・ホルダー司法長官によれば、犯罪歴のある者のうち約六〇〇万人が投票できないでいる。州によって規則は異なるが、たとえばフロリダやバージニアでは五人に一人が前科や保護観察、仮釈放などの原因で投票できないのだ。ポールの選挙区ケンタッキーも同じである。したがって、大量に刑務所で服役している黒人やヒスパニックは、投票を制限されていることで政治力も十分に発揮できないことになる。ポールが薬物の取り締まりや刑期のあり方を改正するというのは、投票制限の緩和にも関係してくるだろう。ここで投票権を回復したマイノリティが少しでも共和党に投票してくれることをポールは期待しているに違いない。彼は上院司法委員会においても、黒人男性の三分の一が麻薬がらみ犯罪歴で投票ができないこと、黒人が白人に比べて不当に、しかも大量に有罪判決を受けて受刑者となっていることを訴えたこともある。ポール上院議員は、かなり本気で共和党の革命、進化を期待して努力しているようにみえる。ＮＡＡＣＰなどもそれを認めており、講演の打診までしているという。

マイノリティへのアウトリーチに水を差す行為

共和党は二〇〇八年と一二年の大統領選挙で連敗してから、本気になってマイノリティへの働きかけ、アウトリーチをしているのは確かであるし、その熱意を十分に感じ取ることができる。しかし、アメリカの政党は日本と異なり、党本部といってもそれほど権限をもっているわけではないし、議席をもった政治家たちはそれほど党の方針に従うつもりはない。議会での採決にさいしても、党議拘束などもない。各人が選挙区の意向や自分の政治的信念にもとづいて投票している。共和党はこのままでは長期的に少数政党になりかねない、という危機感を共有している人もいれば、まったく気にかけない人もいる。共和党はもっと保守的になることによって、より多くの白人の支持を強めることができるのであり、マイノリティなどの貧困層を引き込もうとして、民主党のように大きな政府を目指すのは自殺行為である、という主張もあるだろう。

共和党保守派がオバマ政権を追い詰めるために予算関連の法案で強硬な反対を維持したため、二〇一三年一〇月一日から二週間以上にわたり政府機能は停止してしまった。政府債務の上限の引き上げができないため、政府にお金がなくなったからだ。一〇月一六日までに議会が引き上げを認めないと政府は債務不履行に陥り、国際的にも大混乱になるといわれた。しかし、ぎりぎりで共和党が妥協したので、アメリカは大混乱をまぬがれた。国民の大きな非難を受けた共和党の議会指導部ではあるが、保守派議員の政治的信念からすれば、莫大な赤字をもたらすはずのオバマケア（オバマの医療保険制度）を廃止し、各部門の支出を大幅に削減する措置を要求することは当然であった。国民の一部が迷惑を受けるからといって、信念を変えることはできない。保守派はそんな考えをもっているのだ。

二〇一二年大統領選挙で共和党の副大統領候補となった、それまでほとんど無名だったポール・ライアン下院議員（ウィスコンシン州選出）は、下院予算委員長を務める。その言動をみると、共和党保守派がいまだに結果的に人種差別につながる政策理念をもっていて、その主張が党勢拡大に悪影響を与えているのがわかる。そもそも大統領候補のロムニー元マサチューセッツ州知事にしてからが、大金持ちで脱税ともいえそうな財産管理をしており、貧困層の生活を知らない別世界の人だった。選挙公約でも増税には絶対反対で、貧困層への支出増加にも反対であった。最初から貧困層の票を掘り起こすような姿勢がなかった。そのうえに、富裕層の支持者相手の資金集めの会合で、「アメリカ人の四七％は、所得税を払っていないのに、政府に依存するのを当然と思っている」という意味のことを発言した。この発言の裏には、「私はこのような貧困層を相手にはせず、皆さんのような富裕層の税負担をもっと軽減しますよ」という含みが当然あったに違いない。後日、この録画テープが暴露され、選挙戦にはかなりのダメージを与えたといわれる。ロムニーはこの発言を取り消す言い訳をしたが、国民の多くは怒り心頭であった。

この「四七％」という数字がその後も独り歩きしてロムニーを苦しめるのだが、実は同じようなことをライアン候補も発言していたのである。ロムニー発言のかなり前の二〇一〇年に、保守派の集会での講演で「三〇％の人は、払う税金よりも多くの金銭的援助を政府から受けている」と語り、翌年には次のように明言している。「七〇％の国民はアメリカン・ドリームを求め、アメリカ的信念をもっている。だが残りの三〇％は福祉国家を望んでいる。アメリカは近い将来、国民の過半数が生産者ではなく受給者である社会になってしまう」と。この三〇％の人々については、向上する意欲をもっていないと批判した。この時の表現である「生産者」は「メイカー、つまりつくる人」であり、「受給者」は「テイカー、つまり受け取る人」が使われ、ごくありふれた日常語でありながら、政治的には深い意味をもった言葉である。この二つの言葉はその後も「コード・ワード」（隠語、婉曲的表現）のように使われている。

ライアン議員は共和党下院での予算編成責任者であるので、膨大な赤字を抱えている国家予算をどう削減するかを検討し、二〇一四年春には向こう一〇年間で五兆ドル削減して財政をバランスさせるという予算案を下院で成立させた。増税をいっさいしないので、福祉支出にひたすら大ナタを振るって、大幅削減するだけである。貧困層が頼りにしている、ぎりぎりの生活維持のためのフードスタンプ（食料購入切符）やメディケア（貧困者向け医療保険）予算を大幅にカットして、将来的にはメディケア（高齢者向け医療保険）を民営化してコスト削減をする。共和党保守派としては、政府に生活の多くを依存している貧困層のことはほとんど気にはかけていないように見える。

ライアンは「メイカー」と「テイカー」発言のさいには、人種差別主義者という批判は受けなかった。しかし、二〇一四年には保守派のラジオ番組で、コード・ワードではあるが明らかに特定のマイノリティを想起させる言葉を使って差別的発言を行ってから、広く論議を呼んだ。大都市の貧困地区（インナー・シティ）では、長年男たちは働かず、働くという文化、働くという価値観を学ぶということもない、と語ったのだ。これは誰が聞いても、黒人などに対する差別的発言だという批判が高まったが、ライアンは人種とはまったく関係ないと断固否定した。これまでの彼の言動をみれば、社会のお荷物になっているマイノリティの男性、とりわけ黒人とヒスパニックを指していると考えるのは自然であろう。

その基本的考え方によれば、貧困も富も個人の営為の結果である、とライアンは主張する。努力しない人は報われないのは当然なのだ。彼の思想的バックボーンに影響を与えているといわれる哲学者・作家のアイン・ランド（一九〇五～八二年）は、自由放任主義の資本主義を世界の唯一の道徳的な社会システムとみなしている。この考えでは、個人は自己を他者の犠牲にすることもなく、他者を自己の犠牲にすることもなく、自己自身のために存在するとされる。さらに、自己の幸福追求が人生の正しい目的であり、生産的な達成が人間にとって最も崇高な活動であるという。ランドによれば、個人は自立して、政府の介入を許してはならないので、年金制度や医療保険制度なども国家の仕事ではないという。特段優れた才能のない貧しい人にとっては、とても生きていけないような厳しい人生哲学である。

政治家を目指したのはランドの著作を読んでからだ、とライアンは告白している。とりわけ、愛読書になったといわれる『肩をすくめるアトラス』（脇坂あゆみ訳、ビジネス社、二〇〇四年）は、二〇世紀アメリカで聖書についで読者の人生に影響を与えた本とされ（二〇一一年から三部に分けて映画化されたが、ヒットはしなかったという）、ライアンのみならずアメリカの多くの人々に保守思想の基本を教えたという。不幸な人を救済するような利他主義を拒否し、金持ちから税金を取って貧しい人に再分配する大きい政府には反対するのは、ライアンにとってごくあたりまえのことなのだ。ランドは無神論者で中絶を支持するなど、必ずしも典型的な保守ではないが、いまだに共和党保守派の間に根強い人気をもっている。ライアンの「テイカー」と「メイカー」の考え方もランドから来ている。ライアンのこうした言動は、共和党のマイノリティへのアウトリーチ活動に水を差すものであることは間違いない。ところが、ライアンも政治家である。次期大統領選への出馬準備だろうか。新著『前進への道』(未邦訳、ザ・ウェイ・フォワード)を一四年夏に出版し、貧困に対する考え方を反省し、「メイカー」「テイカー」も今後は使わないと宣言したのだ。受け取る人々をさげすむ表現だからという。保守の哲学を捨てたわけではないが、大統領選は全国の有権者が相手であり、左すぎても右すぎても勝てないので、中道穏健の衣をかぶるのが普通だ。また党の予算案でも、貧困層へのカットを制限し始め、マイノリティ対策にも力を入れ出した。

他にも、人種差別的な言動をする共和党の議員や支持者の舌禍事件や失言はいくらでもある。白人の共和党員によるマイノリティへの働きかけも重要だが、やはり知名度があり思想的にも中道で穏健な黒人共和党員による活動が効果的だと思われる。そこで、次に黒人コミュニティでは幅広い支持と人気を保つコリン・パウエルとコンドリーザ・ライスの活用の可能性について考えてみたい。

英雄として超党派の人気のコリン・パウエル

共和党ブッシュ政権(子)で国務長官を務めたコリン・パウエル(一九三七年~)とコンドリーザ・ライス(一九五四年~)は、二人ともこれまで紹介した保守的な黒人共和党員と比べて穏健な思想の持ち主で、その立場上、党派を超えてアメリカ国民に人気がある。二人とも一時的に民主党員であったこともあり、または民主党大統領候補に投票したこともあるという、党派性についても寛容な政策的な立場にある。二人はかなり出自が異なるが、共通して、共和党がもっと間口を広げて、より多様なマイノリティを招き入れないと、人口動態の変化についていけず、遠からず少数政党に陥ってしまうという危機感を強くもっている。と同時に、ティー・パーティーが力をつけるにしたがい、共和党がますます右傾化の方向に舵が取られていることにも懸念を抱いている。かつて共和党では穏健中道派がかなりの勢力をもっていたが、今日ではほとんどいなくなってしまった。パウエルとライスの二人とも、政治任命によって政府高官になっているので、選挙で戦ったことがない。いずれも実現はしなかったが、大統領候補に推されたり、有力な副大統領候補になったりしている二人に対して、共和党やその支持者が期待するところは大きい。とはいえ、選挙で勝つには、きれいごとを語っているだけでは何もならないともいわれそうである。二人とも選挙には出ないということを明言してきたことも確かである。しかし、二人の出自やキャリアを振り返ってみると、マイノリティへのアウトリーチのために党の顔として、また党の広告塔として活用するうえで、大きな利用価値があると思われる。二人の略歴をみてみよう。

パウエルが人種的に寛容なのは、いわゆるカリブ海系黒人移民の二世で、ニューヨーク市の雑多な人種が構成する街で育ったからだ。自伝『マイ・アメリカン・ジャーニー』でこう述べている。

自分がどういう人種であるかを初めて意識して、マイノリティに属すると悟ったのはいつごろかと聞かれたことがある。少年時代は、人種について意識したことなどなかった。バナナ・ケリー［住んでいた町の名前］にはマジョリティと呼ばれる白人は一人もいなかった。ユダヤ人かイタリア人、ポーランド人、ギリシャ人、プエルトリコ人、あるいは当時はニグロと呼ばれていた黒人のいずれかだった。……人種的な軽蔑の言葉は……飛びかっていた。ときには殴りあいになることもあった。しかし、「お前は下等な人間で、俺のほうがすぐれている」といった類のものではなく、仲間が侮辱された仕返しに喧嘩をする場合が多かったのだ。私も人種的な偏見の毒をやがて味わうことになったが、それはずっとのちのことで、しかもバナナ・ケリーとは縁の遠い場所であった。[37]

アメリカに住む黒人が西インド諸島出身のアメリカ人をときに生意気で尊大だとみなすことがあるとして、ある程度の違和感をもっていたようだ。カリブ海出身者が目覚ましく成功しているからだ。その理由の一つは、奴隷制の違いから来ているようだ。イギリスがカリブ海地域で奴隷制を廃止したのは一八三三年と、アメリカより三〇年ほど早く、隷属の重荷があとを引くことが少なかったからだという。それに加えて、イギリス人はほとんどが不在地主で、奴隷たちは多かれ少なかれ自力でプランテーションを運営することもあったので、アメリカの奴隷のように個人の尊厳を無視されることはなかったという。

アメリカ黒人との違いについて、自伝で次のようにまとめている。

アメリカの黒人や西インド諸島の出身者がアメリカの土を踏んだ背景もさまざま異なっている。私の祖先の黒人たちが鎖につながれてジャマイカに連れてこられたのかもしれないが、力ずくでアメリカに連れてこられたのではなかった。父と母がこの国に移住する道を選んだのは、イタリア人やアイルランド人、あるいはハンガリー人と同じ理由によるもので、自分たち自身と子供たちのためによりよい生活を求めたからだった。その感情的、心理的な遺産は、祖先が鎖につながれてむりにこの国に連れてこられたアメリカの黒人のそれとは大違いなのである。[38]

パウエルは自伝では差別のことについて多くを語っていない。白人社会を告発しないのが黒人保守派の特徴なのだが、パウエルの場合は、差別や偏見を訴えるどころか、実績を高く買われて、広く国民的人気を得てしまったのだ。長年の重責を担った軍務に加えて、軍人として湾岸戦争を指揮しながら、戦況報告をしている頼もしい姿が国民に強い印象を与えていた。アメリカでは第二次大戦の名将アイゼンハワーのように、戦争の英雄が大統領になることがある。それだけ国民の尊敬が高いのだ。自伝では特定政党に登録したことはないと書いているが、軍人なので政治に関心をもつこともあまりなかったという。大統領選挙には、不在者投票でケネ

コリン・パウエル

ディに投票したという。民主党が共和党よりよかったというよりも、「ケネディと彼の率いる民主党が私のような生まれの若者にとって、いくらか希望がもてそうに思えただけである」という理由からだった。一九九〇年代に入ると、両党からの評価がしだいに高まり、大統領選挙ではいろいろ下馬評やうわさなどが出た。九二年の大統領選挙ではクリントン民主党大統領候補の副大統領候補として検討がされたというし、九六年選挙ではパウエル自身が共和党大統領候補として真剣に取りざたされたが、本人は断ったという。その時の様子が新著『リーダーを目指す人の心得』で次のように記されている。

私自身、政治家になりたいと思ったことはないのだが、あれだけ期待されれば立候補も考えざるをえない。どうすべきか、よくよく考えてみた。どうするのが自分にとって、家族にとって、また、米国にとって一番いいのだろうか。友だちや専門家にも意見を求めた。立候補すべきだと勧めてくれる新しい友人の言葉にもじっくり耳を傾けた。私の直感は、立候補しなければならない、それが私の義務だとしきりに訴えていた。私は米国が向かうべき方向についても自分の意見を持っていたし、現状、どこがまずくてどうすればそこを直せるのかについても自分なりの意見を持っていたからだ。だが、私のなかには相反する意見もあった。私の直感は、大統領への立候補は最悪の選択であると強く警告してもいたのだ。……決断の決め手は、朝、目が覚めたとき「大統領になりたい」とおもったこともないし、大統領選を戦い抜くのに必要となる燃えるような想いを感じたこともないという気づきだった。私は政治家ではない。それは私ではない。直感がそう告げ、ああそうだったと気づいたとき、選ぶべき選択肢はおのずと決まったのだ。[39]

二〇〇八年選挙では、マケイン共和党候補は副大統領候補としてパウエルを真剣に検討したといわれたが、本人がオバマ支持を表明したので、実現しなかった。オバマ政権での入閣もささやかれたという。これだけの大物でありながら、共和党と民主党の双方からお誘いがあるというのは、パウエル自身が保守・革新のイデオロギーを超えて人間的な魅力をもっていて、中道派のプラグマティストだからだろう。少なくとも本人が明らかにしているところでは、大統領選挙では民主党候補のケネディ、カーター、オバマに投票している。オバマには再選でも投票している。

社会問題については、どんな立場をとってきたかを振り返ってみると、中絶ではプロチョイス、銃規制では合理的銃規制を支持、条件付きでアファーマティブ・アクション支持である。アファーマティブ・アクションは寛大な割り当てには反対で、優秀なマイノリティに機会を与えて本来の実力を発揮してもらうような、ある程度能力主義を加味した優遇措置を支持している。家族の重要さ、人生における教育の重要さを説く点では民主党の考えと違いがないのだが、財政に関しては共和党保守派に近く、オバマの大きな政府には批判的である。

パウエルがオバマを支持したのは、同じ黒人であるということも心の奥底のどこかで感じていたかもしれないが、オバマを「変容する人物」（トランスフォーマティブ・フィギュア）とみなして期待したからだ。アメリカは黒人大統領を選出して、ますます脱人種社会になっていくと予想する人が多いが、一部白人の黒人蔑視や差別意識はそう簡単にはなくならない。国の最高指導者に対して、奴隷制時代の差別用語を使って非難することにパウエルは強い怒りの声を発している。オバマがアメリカのもつ人種偏見の残滓を少しずつでも取り除いていくことを、パウエルは期待しているのかもしれない。変革は自らが前進する意欲をもたなければならない。見方によっては、黒人が大統領に選出された理由の一つをこう考えることができると思う。パウエルとライスは共和党政権下ではあったが、黒人という偏見に遭遇しながらもアメリカ人の期待に応える能力を発揮して、任務を果たして仕事をこなしたという成果が、アメリカ国民に黒人の能力に対する偏見をある程度まで払拭し、オバマの大統領当選という道を準備したのではないだろうか。

黒人女性として最高権力者のコンドリーザ・ライス

コンドリーザ・ライスは、パウエルの後任の国務長官としてブッシュ政権に関与したが、やはり共和党の穏健中道派としてパウエルに近い。ブッシュ大統領の父（レーガン政権の副大統領から大統領に選出された）との親交が縁で、息子の政権で安全保障担当補佐官として実力を発揮、パウエル国務長官と共同して国際問題をこなした。ブッシュ第二期政権では、黒人女性初の国務長官（女性初の国務長官はクリントン政権でのマデレーン・オルブライト）として、ブッシュに仕え、国民的人気を得ていった。パウエルが移民の子で、奴隷を先祖にもつアメリカ黒人と異なる背景をもっていたが、ライスは人種差別が最も激しい深南部アラバマ州モントゴメリーの出身であった。両親とも教員の中産階級の家に生まれ、生活圏も白人とは人種隔離されていたので、日常的な差別を受けることはなかったというが、町に買い物に出ると差別扱いを受けたと自伝で述べている。彼女は将来ピアニストになるという夢をもっていた。そのような夢をもてる環境で育ったことは、黒人の貧困地区で育って将来の夢をもてない黒人の子どもとは違っていた。それに、両親とも教育や社会問題に対する意識も高く、ライスの学習意欲や自立心は黙っていても健全な発達を遂げていった。

コンドリーザ・ライス

　ライスの政党支持も変化している。最初の大統領選挙では民主党候補ジミー・カーターに投票したが、ソ連のアフガニスタン侵攻に関する外交政策やモスクワ・オリンピックのボイコットを支持できず、カーター政権に見切りをつけ、次の選挙では共和党レーガンに投票した。そして二年後の一九八二年には民主党員をやめて共和党として有権者登録をしたという。党籍を変えた理由は、外交問題専門家として民主党の外交政策が支持できないというのはわかりやすいのだが、その他にも民主党のマイノリティに対する態度に不満があったようだ。自立心の強いライスとしては、一方的に特定の結論を支持者に押し付けるような党の態度が気に入らなかったようだ。このあたりの事情は、民主党がよかれと思って行っている施策が一部のマイノリティの反感を買っていることを示しているので、十分に精査をしていく必要があるだろう。党籍を変更したことについて、ライスは自伝『コンドリーザ・ライス自伝――素晴らしいありふれた家族の物語』でこう述べている。

後年、わたしが共和党員になった決断について質問されたとき、ジミー・カーターの外交政策に嫌気が差し、ロナルド・レーガンの世界観に魅力を覚えたことが、この選択に反映されている、と最初は率直に説明した。しかし、両党の国内政策についてさらに踏み込まれると、さまざまな形の人種差別主義と遭遇した個人的経験による答えを返した。「恩着せがましく保護されるくらいなら無視されたほうがいいんです」とわたしは言い、〝女性、マイノリティ、貧困者〟について語る民主党の傾向を指摘した。わたしはアイデンティティ政治（性差、人種など特定のアイデンティティ集団の利益のための政治活動）が嫌いだし、偏見とは無縁だと言いつつ、その実は肌の色を超えて個人そのものを見ることのできないひとりよがりな人間も大嫌いだった。[40]

レーガンの人気はマイノリティの間でもそれなりにあったが、経済を立て直し、強いアメリカを再建するために、福祉予算などをかなり削減した大統領であり、福祉の行き過ぎを「福祉の女王」と表現して物議をかもした人物でもある。つまり、マイノリティ女性が毛皮のコートを着て車で福祉事務所を訪れ、生活保護の小切手を受け取って帰るという情景を指している。これも一種のコード・ワードである。人種差別がいまだ根強いなかでライスが、わざわざこの時期に民主党を離れた背景には、いっこうに生活が改善されない黒人の状況を自分なりになんとか乗り切るには、諸個人が自立していくという、それぞれの努力が欠かせないと結論したのだろう。これこそ自分が両親から教わったことだし、両親は祖父母から引き継いだことなのだろうという境地に達したのかもしれない。その点についてライスは自伝で次のように続けて述べている。

ただの犠牲者であったり、〝白人〟の世話に頼っている余地はまったくなかった。この自立の意識は、父方母方両方の先祖から受け継いだ精神であり、わたしはそれを徹底して自分のなかに取り込んだ。わたしの祖先たちはおぞましい不公正に直面したが、現に進歩はあり、今日ではもはや人種が人の可能性を決定づけることはない。とは言っても、アメリカは肌の色で差別をしないわけではなく、今後も人種偏見が消えることはないだろう[41]。

ライスが多くの黒人保守派と異なるのは、次の点である。アメリカの実態としては差別や偏見があったし、いまだにそれは完全に払拭されていないことを十分に認識しながらも、ライスはアメリカが国家として本来的にもつ民主主義の価値観を失っていないことに期待をかけているように思える。『ライス回顧録』ではアメリカに対する信頼を読み取ることができる。公民権運動の契機となったアラバマ州モントゴメリーでのバス・ボイコット運動（一九五五年）では、キング牧師らは「現状を変えようとしたときに、アメリカという国そのものがもつ原理に、直接訴えかけることができた。アメリカを、アメリカでないものへと変える必要はなかった。アメリカを、アメリカ自身が掲げる理想像に近づけてやるだけでよかった[42]」というのがライスの解釈である。これこそが民主的制度の有する価値だという。人々が合衆国憲法に訴え、それを利用して、権力者に対してそれを尊重するように求めたときに、これらの制度は正統性と力をもち始めるという。このことは、アメリカには正義の実現を可能にする制度があることを示している。

中絶については「マイルドなプロチョイス」という彼女独特の用語で説明する。マイルドということは「わずか」や「穏健」ということだろうから、最低限の中絶なら認めるということだろう。後期の妊娠中絶は認めないと断言している。同性愛については、結婚は容認できないが、カップルが法的に異性婚の夫婦と同じ権利を享受できるシビル・ユニオン（市民的結合）を支持している。また、ライスは黒人として女性として、アファーマティブ・アクションを支持している。彼女のようにきわめて優秀な能力と経歴をもつ黒人なら、アファーマティブ・アクションなどはなくてもよさそうに思えるのだが、自分流の考えにもとづく優遇措置の必要性を『自伝』でこう説く。「ただし、わたしが正しいと考える方法で行使された場合に限るが。長年の人種偏見によって、アメリカの生活のあらゆる側面でマイノリティや女性の代表不足を招いている事実に疑問の余地はない」（三七二頁）。ライスのいうアファーマティブ・アクションの施行方法だが、たとえば入学選抜であれば、合格基準を落とすことではなく、通常の方法で見つからない将来性のある有望な人材を探すことだという。そのさいには、先述したカリフォルニア大学のバッキ判決で認められたように、選抜基準に人種を一つの要素として考慮することは許容されるべきだという。しかし、ライスはアファーマティブ・アクションがもたらす落とし穴について危惧している。つまり、アファーマティブ・アクションを利用することによって、マイノリティが安易に不名誉な烙印を押されがちなのだ。そして、劣等という烙印を押された人々は、世間が期待したような劣等の状態のまま生きてしまう危険があるということとだ。ライスは自分がアファーマティブ・アクションで教員採用されたことを告白しているが、このような烙印が押されないように研究を維持したからこそ、黒人女性最高の権力といわれた国務長官の職務をまっとうする機会に恵まれたのだろう。

意外なのは、ライスがみずから「憲法修正第二条の熱烈な擁護者」としていることだ。つまり、「よく統制された民兵は、自由な国家の安全にとって必要であるから、国民が武器を保有し、かつ携帯する権利は、これを侵してはならない」と固く信じているというのだ。これは、彼女の家族がバーミングハムで経験した事件からきている。公民権運動が盛んなころ、バーミングハムでは白人優越主義者のＫＫＫ（クー・クラックス・クラン）が黒人住宅地に押しかけて爆弾を仕掛けたり、銃で脅したりすることがあった。そういう白人の差別主義者から身を守るには、正規に登録した武器を所有することは絶対に必要だった。ライスは父親が銃をもって、一晩中自宅を見張っていた姿を覚えているという。市民の暴徒からだけでなく、市の警察当局からも身を守るには、建国時代の自助・自立の精神と中央政府に対する警戒心をもつ必要があるということだろう。これこそ保守の神髄といえそうである。

ライスは民主党の政策については多くの異論をもつが、二〇〇八年にオバマ当選が明らかになった直後の国務長官としてのプレス・ブリーフィングではオバマの当選に心から感動しているようだった。そのときの動画を何度か見直したが、彼女があれだけ喜びを素直に吐露しているのは珍しい。「アフリカ系アメリカ人として、とりわけ誇りに思っている」と話すライスの目には光るものがあった。「この国にとって、とてつもない前進の第一歩になるのは明らかだ」と、まるで自党の候補が大統領に当選したかのように、満面に笑みをたたえていた。オバマ候補について「皆を鼓舞する人」で「この勝利はアメリカの約束が果たされた証拠だ」とまで称賛していながら、オバマに投票したかどうかは明らかにしなかった。パウエルはオバマに投票したことを二度も明言しているが、ライスはいっさいしていない。オバマ新政権とともにライス国務長官は退任するのだから、明言してもよいのではないかと思うが、おそらく共和党の一般有権者をがっかりさせたくないという気持ちがあったのかもしれない。あるいは、いずれまた、共和党政権が成立したときに入閣を求められる可能性のあることを考えたのかもしれない。

今後はどこへ向かうのか

パウエルとライスは選挙の洗礼を受けていないとはいえ、その行政能力と判断力、人々の心を掌握する人徳などを総合的に評価するなら、国の指導者としては十分な資質と資格を有していると思われる。議会で与党と野党がまったく対決した状態では、アメリカの進展は望めない。交渉力に優れた指導者が求められる。共和党はさまざまな形でマイノリティへのアウトリーチをしながら、党勢拡大を図っていくにつれ、これまでになかった党内集団に向けての政策を提案しなければいけない。ということは、従来の主流支持者の白人以外の多様なマイノリティに新しく共和党のビッグ・テントに入ってきてもらうためには、それなりに党の体質を変えていくことが求められるだろう。

これはまだ一部のメディアで報道された少数意見にすぎないが、パウエルとライスは今日の共和党には協力できず、ひょっとしたら党を離れて、第三政党をつくるのではないかという推測がある。穏健中道派の二人にとって、共和党はあまりにも右傾化しすぎていて、とてもマイノリティ一般の人が支持してくれる党ではなくなりつつあるという懸念をもっている。党員を対象としたピュー・リサーチ・センター世論調査では、驚くべきことに、共和党が生き残るには、もっと保守化を強めなければいけないという意見が一番強いのである。二〇一三年夏の世論調査によると、党は将来の道を模索しているが、まさに左右の勢力が真正面から対立している。共和党員と共和党寄りの無所属の人々の五四％が、党指導部はもっと保守的になるべきだという意見に賛成し、穏健になるべきだという四〇％をかなり上回っている。一二年選挙の敗因分析では、党はもう少し穏健の道をより多くのマイノリティとともに歩む必要がある、というのが党指導者の見解だった。そしてその方向を歩んでいるのだが、一般党員はそのような方向に同調していない。しかも、一三年末のワシントン・ポスト／ABCニュース世論調査では、アメリカ人一般の五三％が共和党はあまりにも保守的であり、福祉政策をもっと充実すべきと答えている。政策はいまのままでよいという人は三八％のみであり、しかもよりよいリーダーが必要という条件付きである。共和党・民主党とも、議会でのここ一〇年くらいの立法活動について一般の支持は大変に低い。民主党は三〇％前後であり、共和党は二〇％前後である。支持しないはその約二倍となっている。党が有権者の信頼を失っているのは、程度の差こそあれ両党とも同じようなものである。

世間一般もメディアも、共和党に対する共通した認識をもっている。つまり、共和党→保守的→人種差別的という構図である。民主党や他の人々でも差別主義者はいくらでもいるのに、共和党がこのように「差別的な」評価を得ることが多いのはなぜか。メディアに従事するジャーナリストに関するABCニュース／ワシントン・ポスト世論調査が、二〇一四年五月に興味深い結果を公表した。共和党に所属する、あるいは支持するというジャーナリストはなんと七％しかいないのだ。これは〇二年の一八％に比べて半分以上も減少している。一方の民主党支持者は二八％で、〇二年比で八ポイント減である。ジャーナリストが選挙で共和党に投票しないからといって、彼らのテレビ番組や記事がすべて共和党に批判的で、民主党びいきということはないはずだが、ちょっとした日常的行為を見る目がどちらかの党にバイアスがかかるということはあるかもしれない。それに接する一般読者に、そのバイアスが影響を与えるかもしれない。

共和党に対するステレオタイプの批判的見方の一つに女性蔑視があるが、それを振りはらうように、女性で黒人という二重の差別にある女性が頭角を現している。共和党の将来に大きな変化をもたらしてくれることに期待をかけたい。党本部でそれほど重点目標になっているとは思えないが、ライスやペイリンだけが共和党の女性政治家ではない。連邦下院の議会選挙レベルで一番メディアの関心を集めたのは、ユタ州サラトガ・スプリングスのミア・ラブ（一九七五年〜）市長の出馬である。二〇一二年選挙は共和党の大統領候補がモルモン教徒であったことから、ユタ州、モルモン教、人種差別などが話題となった。そこに黒人で、しかも女性で、市長で、白人の夫をもつ人が彗星のように現れて下院議員選挙に登場したのは、多くの人を驚かせた。このような要素をもった人がアメリカに存在したのかとさえ思った。ユタ州には黒人はほとんどいない。一％以下である。かつて黒人との人種間結婚を禁止していたり、黒人は聖職者になれないことなどもあって、モルモン教と黒人の接点はないも同然だった。

ミア・ラブはハイチからの貧しい移民の子で、大学時代に知り合った白人モルモン教徒と結婚して、カトリックから宗派を変えた。フィットネス・クラブのインストラクターをやりながら人口一・八万のサラトガ・スプリングス市議会議員を二期務めて市長に当選、一二年に連邦議会を目指したが、わずか七六八票差で惜敗した。一四年予備選挙で現職を破っている。政治思想は超保守ともいうもので、減税、小さい政府、政府規制の廃止、個人の責任を徹底的に追及する。連邦エネルギー省や教育省の廃止を唱えている。自らの人生で学んだのだろうが、保守的価値観こそが人々を貧困から救い出すという。

もう一人の黒人女性はエリカ・ハロルド（一九八〇年〜）で、二〇〇三年のミス・アメリカである。ハリウッドの女優を彷彿とさせる、ライトスキンの美貌からは、人種差別のいまだ残る共和党の政治家を目指すなんて、とても連想がつかない。父は白人、母は先住インディアン、黒人、ロシア系の混血の黒人で、ハロルドは写真によってはほとんど白人にみえる。名門大学の一つといわれるイリノイ大学アーバナ校（州立）を優秀な成績で卒業した後、学費稼ぎもかねてミス・アメリカを目指しつつ、ハーバード大学ロースクールに入学。タイトルを獲得すると、二〇万ドル近い賞金を手にすることができる。奨学金として十分だっただろう。ミス・アメリカ協会は、年間四〇〇〇万ドル以上の奨学金を連邦、州、地方都市などで支給しており、学習意欲の高い若者を支援しているそうだ。ミス・アメリカはその仕事として、各地で講演活動や慈善活動に参加している。そうした活動を通して、ハロルドは政治に目覚めるようになり、ロースクールを修了して弁護士となり、共和党の地方政治にかかわっていった。

黒人と白人の混血、女性、ミス・アメリカのタイトル、弁護士、保守思想――これだけの条件をそろえた黒人共和党員はそういるものではない。すぐさま州の共和党本部はこの逸材を選挙に投入するかと思いきや、差別の壁は厚かった。二〇一二年選挙のさい、シカゴ一三区は一度本選挙に出馬する候補が決定したのだが、突然に辞退することになった。そこで、その他の候補四人から選ぶことになるが、イリノイ州の党の慣習として、一五郡（カウンティ＝州の下の行政組織）の党責任者が話し合いで決めることになっていた。女性と人種への差別もあり、集票力では勝るとも劣らないハロルドだが、本選挙への出馬はできなかった。そこで、翌年には自分は一三区予備選挙に立候補すると宣言し、党のデータ・センターの利用などを求めた。しかし、黒人で女性の共和党政治家に対する認識がまだ低く、差別的な言辞を弄する党の男性役員などがいて大変だった。結果的に一四年三月の予備選では現職に僅差で敗れ、本選挙には進めなかった。彼女は「憲法保守」、つまり憲法に書かれていないことは絶対にやらない、という保守主義を唱えている。オバマを個人的には批判しないが、医療保険や財政では厳しく反対の態度を示している。ハロルドの夢はアメリカ初の黒人女性大統領になることなので、弁護士活動を通してもっと政治を学んでいけば、ハロルドのワシントン進出は共和党にとっても、彼女自身にとっても、またアメリカにとっても、大きなアメリカン・ドリームの実現となるだろう。

第5章 キングの夢とオバマ

一　歴史に残る大統領としてのオバマ

人種を乗り越える

黒人共和党保守派の主張は現実離れしていることが多いので、政策面で民主党リベラル派の黒人大統領とのすり合わせは難しい。オバマも、リンカン大統領をずっと尊敬してきたが、その主張を掲げていると称している黒人保守派を顧慮したことは、おそらく一度もないだろう。共和党保守派と政治的イデオロギーはほとんど変わらないので、オバマとしては彼らの主張を共和党保守派の主張とみなしているだけである。黒人共和党でもパウエルやライスのような中道派になると、オバマとしては参考にすべき点はあるかもしれないが、これまで公式の場でそうして対話が実現したことはない。

バラク・オバマ

オバマは二〇一二年に再選されて自信をつけるとともに、リンカンのように歴史に残る大統領になるべく、さまざまの違いを超越して多くのアメリカ国民が心の底から満足するような国移民的課題を解決して、黒人大統領としてだけでなくアメリカ大統領として歴史に残ることを考えているに違いない。大統領選挙に出馬した当初、オバマはその出自ゆえに、黒人指導者からは黒人候補として適格ではないとして支持を得られなかった。黒人を代表する大統領候補ではないということを鮮明にしていたから、当然の結果である。そうした立場が結果的には、奇跡的な大勝利をもたらしたのは周知の事実である。就任後も黒人団体からもっと黒人問題を重視して、黒人優先の政策を実施するように強く要求されてきた。

再選の選挙運動のさなか、オバマは「黒人コミュニティのために十分なことをしていないという批判に対してどう思うか」という質問を黒人経済雑誌から受けて、「すべてのアメリカ人が機会を得ることを望んでいる。私は黒いアメリカの大統領ではなく、アメリカ合衆国の大統領である」を明言している。ここまで断定的に黒人のための大統領でないことを強調するのは珍しい。これまで、自分が黒人であることを意図的に明示することを避けてきたが、いくつかの例外はあった。二〇〇九年の夏のことだが、黒人研究の権威として有名なハーバード大学のヘンリー・ルイス・ゲイツ教授が自宅の玄関前でカギがみつからずにいるのを見て、近所の人が空き巣狙いかと勘違いして警察を呼んでしまった。教授は、これは自宅で、自分はハーバード大学の教授だといっても警官は納得せず、抵抗する教授を逮捕して警察署に連行した。これだけなら全米を騒がす大事件にならなかっただろうが、オバマはこの教授が自分の友人であったこともあり、記者会見で「警察はばかげた行動を取った」と発言してしまった。警察官が白人であったため、メディアは「待ってました」とばかりにオバマの「人種発言」を大々的に取り上げた。オバマの発言には、黒人の多くが長年にわたって必要以上に警官から職務質問を受けてきたことへの苦情も含まれていたが、全体としては言葉を選んだ慎重な意見表明だった。しかし、オバマが意識的に人種問題を避けているとみなしてきたメディアは、やはりオバマは黒人の味方をするのだと考えたのだ。結果的には、当事者二人とオバマ、バイデン副大統領の四人が、ホワイトハウスの庭に集い、ビールで乾杯して一件落着となった（詳しくは上坂昇『オバマの誤算』角川ONEテーマ21新書を参照されたい）。

次にオバマの人種発言として大々的に取り上げられたのが、トレイボーン・マーティン事件。黒人少年が住宅街（ゲイテッド・シティ。塀で囲まれた住宅地区で、部外者は住民の許可がないと入れない）を歩いているところをヒスパニック（白人と報道された）青年に「あやしい」と疑われて銃殺された事件だ。フロリダ州には過剰な自己防衛法があり、自分の身に危険があると思ったら、相手に襲われなくても銃を発射してよいことになっている。犯人ジョージ・ジマーマンは自称自警団を名乗っており、この見慣れない黒人少年を発見してからずっと尾行して、警察とも携帯でやり取りをしていたという。無防備の黒人少年が父親の家を訪ねたさいに、突然発砲されて死亡したのに、撃った側が何も罪を問われないことから、大問題に発展した。オバマはこの事件については、二〇一三年夏、事前にスタッフに一言しゃべりたいと相談していた。そして「自分に息子がいたらトレイボーンのようであったかもしれない」とか「トレイボーン・マーティンは三五年前の自分だったかもしれない」とやや控えめの感情発露で我慢した。ここでもオバマは、黒人などのマイノリティが「レイシャル・プロファイリング」（特定人種を対象とする行き過ぎた職務質問や取り締まり）の被害者になっていることなど、アメリカの人種問題についての見解を簡潔に述べている。従来から、黒人支持者や白人のリベラル派からは、アメリカの人種関係があまりにも悪化しているので、黒人大統領として人種問題について全国民に向けて意見を述べるべきだ、と強硬な要請を受けていた。再選に成功したオバマとしては、そうした要請に応えるとともに、自分自身でもふだんは出せない感情を吐露したかったのだろう。

議会では共和党がまったくといってよいほどオバマの政策提案を支持しない、審議をしないので、アメリカ政治はいろいろな面で行き詰っている。歴史的な業績としていずれ高く評価されるはずの医療保険制度改革（オバマケア）も、担当官庁の登録ウエブサイトのシステムが不具合から失敗が続き、制度はすでにスタートしているのに、未解決の事案が多いため、国民の反対がますます強くなっている。オバマの支持率は二〇一四年に入っても下降傾向が続いている。再選の心配をする必要がなくなったオバマは、多少気楽になったのだろうか、これまでになかった重大な「人種発言」をしたのである。一四年一月発行の『ニューヨーカー』誌（一月二七日号）に長文のオバマ大統領インタビュー記事が掲載され、大統領は支持率低下にからめて人種についてこう語っている。「黒人大統領という考えそのものが好きでないという理由から、私を心から嫌っている人が一部にいるのは確かだ。これを別の観点から見れば、本当に私を支持してくれる一部の黒人、そしておそらく一部の白人が、私が黒人大統領であるということから、疑わしきは罰せずではないが私のことを大目にみてくれるということになる」。世界最強の国アメリカの大統領としては、このような発言はすべきではないという批判が強い。有り体にいえば、自分は黒人なので人種差別を受けている、と愚痴をこぼしているように受け取れる。

共和党の反オバマ感情

一部の共和党保守派によるオバマ大統領夫妻に対する人種差別的な言動は、過激で度を超しているものがあるが、オバマは公式にそうした言動に反論することはなく、完全に無視してきた。ここでの人種発言は、見方によっては、白人がオバマの政策を支持しないのはオバマが黒人だからということ、あるいはそういう場合もあるということを、黒人大統領自らが認めたことになる。従来の人種に関する慎重な発言からは大きく外れたかっこうだ。とはいえ、二〇一四年三月に新規登録者が八〇〇〇万人を超えたオバマケアだが、制度の支持者はわずか二八％に対して、反対者はなんと四三％もいるのだ。下院共和党はすでに稼働しているこの制度を五〇回も廃案にしているほど、オバマ憎しの感情を言外に表した行動を示した。また、法案の審議中にカリフォルニア大学アーバイン校で暗示的偏見とオバマケアとの関係について調査したところ、差別的な傾向をもつ人々は法案に反対する人が二倍くらい多かった。また、オバマケアとクリントン大統領の一九九三年医療保険法案（不成立）の同じような内容の文言を示し意見を求めた。回答者は、それがクリントン案であると知らされると、差別的傾向をもつ人も、そうでない人も六〇％以上が賛成した。だが、オバマ案であると知らされると、前者の支持は二〇ポイントも落ち、後者はほとんど変化がなかった。今日のアメリカでは、良識ある政治家にとって公の場での差別的言動は絶対に許されないので、黒人オバマ嫌いはなかなか表面には出てこないことが多い。しかし、人によっては、共和党のオバマ非協力の態度があまりにもひどいと、堪忍袋の緒が切れてしまうことがある。

そのような事例が議会委員会の場で発生した。民主党上院議員の重鎮であるジェイ・ロックフェラー（ウエスト・バージニア州選出）が二〇一四年五月、通商科学交通委員会の公聴会で委員長として発言中に、「この法律［オバマケア］がうまく機能しないことを望んでいる人がいるが、その理由は大統領が嫌いだからだ。おそらく大統領の肌の色が誤っているという感じだ。そういう例を多数見てきた」と大胆な私的見解を披露したのだ。後日、「議員は再選されるためには有権者が望まないことはいっさいしない。これもアメリカ的なことだ」とも述べ、共和党の支持者までもが黒人大統領を嫌っているかのような発言さえしている。公の場での共和党批判の人種発言なので、大きな物議をかもしたものである。また、オバマの側近中の側近であり、自身も黒人で共和党の攻撃を何度か経験してきたエリック・ホルダー司法長官も、一四年夏のテレビ番組でこう述べた。「一部の人々がオバマ大統領と私に反対するのは、私たちが黒人だからだ」と。ここまで告白してしまうほど、人種感情がひどくなっているのだ。これとは逆に、民主党所属でありながら、反オバマの立場からの人種発言もある。黒人議員ベニー・トンプソン（ミシシッピ州選出）は、「共和党が反政府・反オバマケアなのは大統領が黒人だからだ」と断言し、自分の州の知事がオバマケアの規則に従ってメディケイド（貧困層向け医療扶助）を拡大しないのは、「黒人の男［オバマのこと］がこの医療制度をつくったからだ」と発言した。あたかも、黒人大統領がいるから、政治がうまくいっていないかのような非難に聞こえる。ちなみに、一四年七月のラスムッセン世論調査によると、投票に行くという有権者の六一％は、人々がオバマ大統領の政策に反対するのは政策が悪いからであり、大統領の人種のせいではない、と答えている。

オバマの支持率の低下は、白人支持の低下が大きく影響していることも判明している。しかし、オバマとしては、第一次就任式ではリンカン大統領の聖書に手を置いて、そして第二次就任式ではキング牧師の聖書に手を置いて宣誓をしており、残された任期で業績をあげ、アメリカの歴史に残る偉大な大統領になるように国をリードしなくてはならない。国の分裂を回避したリンカン、人種差別のない社会を実現するのに夢を示すことによって社会の融和と前進を唱えたキング。オバマ大統領は、アメリカ全体がいまだ分裂している厳しい現実を前にして、二人の偉大な指導者に学ぶことになるのだろう。そして、黒人からは黒人大統領としての務めも果たせとの圧力を強く受けながら、国政とどうバランスを取っていくのだろうか。

キングの夢はどこまで実現したか

一般論としていうなら、黒人大統領が誕生するほどアメリカでは人種差別が解消し、黒人は努力さえすれば、したいことは何でもできるし、実現することもできる。アメリカの民主主義の恥部として世界中にさらしてきた人種差別からやっと解放された、もう黒人を特別扱いする必要もない。多人種・多民族の国、多様性の国アメリカは、今後も世界の人々をひきつけて、豊かな共生文化をつくっていくだろう――。このような楽観的な見方をしている人は、共和党保守派の人に多い。二〇一三年は、キングが「私には夢がある」演説をしたワシントン大行進から五〇年、翌一四年は白人と黒人の別学を違憲とした歴史的なブラウン最高裁判決から六〇年と、黒人にとってもアメリカにとっても、現在が当時と比較してどれだけの進展があったのかを比較してしまう。その評価がオバマへの評価とつながってしまう傾向もある。歴史の節目に初の黒人大統領がいるのだから、その苦労は並大抵のことではない。

アメリカ黒人の現状はどこまで劣悪なのだろうか。メディアの偏向もあるのだが、黒人はアメリカ社会の取り残された人々、不幸な人々、犯罪者、薬物乱用者、シングル・マザー、いまだ奴隷メンタリティから解放されていない人などとして取り上げられる。明るい面を示しているのは、スポーツやエンターテインメントで国際的な才能を発揮して大金持ちになっていることなどである。しかし、黒人は他の人種・民族と比較してレベルは下がるが、中流階層や上流階層が存在することは忘れてはならない。国勢調査局の二〇〇九年に関する資料によると、中流階層（年収三・五〜一〇万ドル）は黒人人口の三八・四％、上・中流階層（年収一〇〜二〇万ドル）八・一％、上流階層（二〇万ドル以上）一・二％である。合計すると四七・七％が中流階層以上となる。つまり黒人の半分強は貧困だが、半分弱はまあまあの生活や豊かな生活をしているのだ。とはいえ、アメリカ全体では六四％弱の人が中流階層以上なので、統計的には黒人が貧しいということになる。二〇一二年の黒人世帯の貧困率は二八％で、全米平均の一五％を大きく上回る。それでも一九六〇年代の黒人の貧困率が四〇％を超えていたことを考えれば、進展はあったといえる。貧困を注視するはずの黒人大統領が就任したのに、貧困率は記録的な高さを維持しているなどと、オバマは批判される。黒人の失業率は一四％と、白人の二倍以上である。世帯の純資産（住宅、預貯金などの財産）にいたっては、黒人は白人の二二分の一しかもっていない。

キングが「私には夢がある」演説を一九六三年にしたとき、夢を語る前にこう述べている。

「われわれは小切手を換金するために、わが国の首都に来ている……。この手形は、すべての人々は白人と同じく黒人も、生命、自由、幸福の追求という不可侵の権利を保障される、という約束だった。今日のアメリカが、黒人の市民に関する限り、この約束手形を不渡りにしていることは明らかである。アメリカはこの神聖な義務を果たす代わりに、黒人に対して不良小切手を渡したのだ」と。キングが求めた法的な権利のなかには、金銭的な平等が強く示されていた。

ピュー・リサーチ・センターの調査（二〇一三年）は、キングの夢と今日の現実を比較している。「アメリカはキングの人種平等をこの五〇年間でどれだけ達成したか」については、回答者全体では「大いに」が四五％、「いくらか」三六％、「わずか／なし」一五％となっており、八〇％以上が肯定的な評価をしている。ただし、「大いに」と答えた白人が四八％であるのに黒人は三二％とかなり低い。差別の被害者と加害者の心理の溝は簡単に消えないのだろう。人種関係の世論調査では、黒人の七三％、白人の八一％が「大変よくなった」か「かなりよくなった」と答えており、キングの夢に少しは近づいている。統計に示された五〇年間の変化をキングはどう思うだろうか。白人と黒人の世帯所得については、所得額はそれぞれ伸びているが格差は広がっている。純資産も同じである。貧困線より上の世帯数についても住宅所有率についても、白人と黒人の間にほとんど変化がない。格差が縮まったのは高校卒業率で、二四ポイント差から七ポイント差まで狭まった。別の最新資料（二〇一四年）によると、公立高校の黒人生徒の卒業率は二〇一〇年度で五二%であり、二年前より五ポイント改善している。平均寿命も七歳差から四歳差まで小さくなった。投票率にいたっては、いまや黒人が白人を上回ることもあるくらいだ。

キングが想定外の生活崩壊

高校卒業率のように進展した分野がある一方で、かつてより後退している現象もみられる。ブラウン判決は人種による別学を違憲としたが、今日では差別からではなく、白人と黒人の住環境の違いから白人と黒人が机を並べて学ぶことが激減している。全国的にみて、白人が過半数を占める学校で学ぶ黒人は二〇%強しかいない。多くがマイノリティだけの学校に学んでいる。差別によらない人種分離が現実問題として進行している。とりわけ大都市の公立学校で顕著にみられる。シカゴ(イリノイ州)やニューヨークでは八〇%以上の学校が人種分離状態にあるという。ひどいのは、一五%ほどの黒人とヒスパニックの生徒は、白人がゼロか一%未満の学校に通っている。学力については、ブラウン判決にもあったように、白人と一緒に学ぶことによって黒人生徒の学力が向上するとされたが、六〇年後の現実は、白人が公立学校からいなくなるにつれて黒人の学力が低下しているのだ。

家庭や性についてキングはあまり語っていないが、次の驚愕すべき悲しい事実を知ったらどう反応するだろうか。キングは一九五七年から五九年まで黒人一般誌『エボニー』の人生相談のコラムを担当したことがある。そこで、結婚前の性、同性愛、中絶などについても答えている。二九歳の未婚女性が、父親から婚前セックスを厳しく禁止されていて、いまだに処女なのだが、この歳になっても処女を守るべきかと質問している。これに対してキングは、婚前の処女性がいかに重要かを説き、本当の男性は女性の処女性を尊敬していると答えている。そうした保守的な女性観をもっていたキングが、今日では黒人による出生の七三％が未婚女性によるものなどとは信じられないに違いない（二〇一〇年、白人は二九％）。六〇年代では二〇％台だったから、凄まじい伸びである。さらに、結婚して夫と暮らしている黒人女性の割合は、全体のわずか四分の一にすぎない。六〇年代の半分である。黒人全体をみると、一八歳以上で結婚しているのは三〇％しかいない。六〇年代はその二倍も結婚していたのにである。アメリカ全体をみても、三人に一人の子どもが父親のいない家庭で育っている。黒人の場合は三人に二人である（白人は四人に一人）。アメリカの夢演説でキングは、「いつの日か、私の四人の幼い子どもたちが、肌の色によってではなく、人格そのものによって評価されること」を期待したが、それ以前の問題である家庭が崩壊状態にあるのだ。若者が結婚して家庭をもてるような状況に恵まれることは少ないのである。

妊娠中絶に関しては、恋人が妊娠したので中絶させたことを後悔する男性からの質問に、キングはその過ちを償うべきだとアドバイスしているところからわかるように、牧師としては中絶を許容していなかったようだ。その中絶の実態はアメリカの大きな問題となっている。年間の中絶件数はなんと優に一〇〇万件を超えており、その三〇%が黒人によるものだ。黒人女性は人口の一四%ほどなので、いかに中絶する女性の割合が多いかがわかる。悲しい事実としては、中絶件数が最多のニューヨーク州の発表によると、二〇一二年の黒人出生数が二万四七五八人に対して中絶件数は三万一三二八人であり、中絶が出生の約一・五倍である。また、女性ではなく男性を好きになってしまう青年の悩みについて、キングは同性を好きになるのは生得のものではなく、文化的に身についたものなので、努力していけば治るとアドバイスしている。正面から禁止していないが、歓迎していないことは確かだ。

キングの夢はいくらかでも実現に近づいているものもあれば、逆行しているものもある。黒人が大統領になるなどとは夢にも考えていなかったキングなので、オバマを見たらどう思うだろうか。想像がつかない。また、中絶や同性愛、家庭の崩壊も、おそらく想定していなかっただろう。後述する黒人男性の犯罪や受刑者数の急増なども、キングは考えていなかったに違いない。こうしたキング時代と異なる黒人問題をオバマは、史上最大の権力をもった黒人としてどう解決しようとしているのか。キングとリンカンを目標とする大統領の実績をみてみよう。黒人大統領としてか、あるいはアメリカ大統領としてか。その手腕が問われている。

二　オバマの今後の課題

オバマは黒人大統領になれるか

二〇一三年八月、ワシントン大行進の五〇周年記念の集会が開かれた。五〇年前には白人も黒人も、民主党も共和党も参加したが、今回は招待を受けた共和党の政治家は誰一人として出席しなかった。黒人共和党の上院議員ティム・スコット（サウスカロライナ州選出の下院議員だったが、一三年同州選出のジム・デミント上院議員が任期途中で引退したため、ニッキ・ヘイリー州知事によって上院議員に推薦された。一四年予備選では勝利した）や黒人の前共和党全国委員長のマイケル・スティールも招待されなかった。一般の黒人共和党員たちは、共和党本部で昼食会を開き、五〇周年記念日を祝ったという。集会の規模は、五〇年前はおよそ二五万人といわれたが、今回は公表されていない。ただし、ワシントン・モールを管理する内務省国立公園局では、一五万人を限度とする使用許可を出している。この記念日は、とりわけ黒人にとっては意義深い日であり、キング牧師のあの有名な「私には夢がある」演説が多くのアメリカ国民に深い感動を与えた。今回はキングが夢にも思っていなかった黒人大統領が、アメリカについてどのような夢を描いてくれるのか大きな期待がもたれた。

オバマ大統領は、公民権運動の未完の大事業がすべてのアメリカ人にとっての経済的平等と機会であることを明言した。そのほか、過去には考えられなかった黒人の成功者が誕生しているとはいえ、黒人の経済状況はいまだ失業率や所得格差の増大などで好転していないことも指摘した。しかし、具体的に恵まれないマイノリティをどうするのか、政策的な具体策の提示はまったくなかったといえる。また、キングのように「夢」を描くこともなかった。大統領としては、そう簡単に「夢」を国民に抱かせてはいけないのだろう。心の琴線に触れるような感動的な表現もなかった、という批判も聞かれた。

医療保険制度改革に次いで、オバマが歴史に残る業績をつくるにはどうするのか。経済的平等と機会については、まず共和党の協力は今後も期待できないとなれば、他の面で大統領権限の行使で少しでも改善できることをやる以外ないだろう。二〇一四年二月にオバマは、黒人やヒスパニックの少年・青年の置かれた状況を改善することを主眼として「マイ・ブラザー・キーパー」（私の兄弟の番人）イニシアティブを打ち上げた。役所、企業、団体、財団、教会などの支援を得て、貧困地帯のマイノリティに限定して、まともな生活を送れるようなプログラムを協力し合ってつくろうというものだ。なぜ男子に限ったかというと、成績不振、退学、犯罪、矯正施設・刑務所のお決まりコースをたどる割合が女子より圧倒的に高いからだ。元バスケットボールの大スターから実業家として成功したマジック・ジョンソンも全面協力をしている。また、市民が「メンター」（助言者）として自発的にボランティアとして参加できるようになっている。

第一次オバマ政権発足時に、ブッシュ政権の「信仰にもとづくイニシアティブ」（ＦＢＩ）を継承して、大統領行政命令で始めた「信仰基盤・近隣パートナーシップ」（ＦＢＮＰ）にも、地域の団体の参加を求めて無職の若い男性に対する就職支援を通して、父たることに責任をもたせるプログラムがあった。これには女性の望まない妊娠を防ぎ中絶を減らすことも含まれ、人種・性は限定されていなかった。このプログラムがどのような成果を上げたのか、きちんとした報告はなかったようだ。今回のイニシアティブも精神としては、このようなプログラムを引きついでいるようだが、教会関係者が参加している以外ほとんど宗教色は感じられない。しかし、「マイ・ブラザー・キーパー」は、クリスチャンなら誰でも知っている旧約聖書の「創世記」のカインとアベルの兄弟の物語（第四章一〜一六節）に出てくる言葉ではある。

このプログラムを説明するオバマ演説のなかで最も考えさせられたのは、貧困がなぜ学習意欲や学力の低い子どもを生むかの説明だった。寡聞にして知らなかったので、実にショッキングだった。貧困家庭に生まれた子どもは最初の三年間で、豊かな家庭に生まれた子どもに比べて、耳に入ってくる言葉が三〇〇〇万語（ワード）も少ないという。赤ん坊の脳はスポンジみたいなもので、いろいろなことを吸い込んでふくらんで成長するが、三〇〇〇万語が不足すると、ふくらみは十分ではない。幼児教育で言葉がいかに大切かがよくわかる。また、オバマは黒人に努力を求め、厳しい姿勢で臨むことでは保守派には負けていないが、ここでは異なる方針を打ち出した。たとえば、黒人生徒の非行による停学処分は白人の四倍とされ、それがさらなる非行、退学、犯罪、矯正施設、刑務所へのパイプとつながっている。もっと厳しい表現を使うと、イギリスの「ゆりかごから墓場まで」がアメリカでは「ゆりかごから刑務所まで」になっているという。ニューヨークでは九〇年代に、犯罪防止策として「ゼロ・トレランス」（寛容度ゼロ）の方針のもと、警官の大量増員で徹底した厳しい取り締まりを断行し犯罪を激減させた。学校においても、罰則強化や制服導入などで大きな成果を上げたという。しかし、オバマはその道を取らずに、生徒の指導を強化することによって非行防止と学力向上を図ろうとしている。

このプログラムへの関心は高い。作業委員会は三ヵ月で実施についての報告書を公表した。一四年五月末には黒人男性の学者、教育者、ジャーナリスト、聖職者など二〇〇人が、大統領にプログラムの対象に女性を含むように要請する公開書簡を出した。次いで、著名な作家アリス・ウォーカーや女優、文化人ら一〇〇〇人の有色人女性たちも、同じくプログラムの対象として女性を含めるように要請した。貧困地域のマイノリティの少女たちの境遇は厳しく、妊娠・中絶、退学、犯罪などの危険にさらされており、特別な保護が必要であると訴えている。

かつて行ったオバマの父の日の演説で感動的な言葉がある。「ためらうことなくいいたい。この地球上で最も挑戦的で、最も充実感があり、最も重要な仕事は、娘のサーシャとマリアの父親であることだ、と」。一四年の父の日はインターネット放送のウィークリー・アドレス（スピーチ）で同様な気持ちを吐露している。「父がいなかったことを自分では重く感じた。だから、ミシェルと娘のために、夫と父親（自分が小さい時、家にはいなかったのだが）になろうと毎日努力している。機会があるごとに、世の父親たちには子どもの生活にもっとかかわるように勧めてきた。というのは、男になるというのは、子どもをもつ能力ではなく、子どもを育てる勇気をもつことだからだ」と。そして、オバマはつねに黒人の親の責任を強調してきた。ここでも政府の役割には限界があり、このプログラムは親の愛にとってかわることはできないと断じている。いわば政府の青少年対策の対象をマイノリティに限定したことは、白人の親にとっては面白くないわけで、当然批判が出るのは避けられない。しかし、再選の圧力から自由になった大統領としては、社会で大きな問題を起こしている黒人とヒスパニックの男性に集中して社会が取り組むことは許されると考えたのだろう。議会の承認を得ないプログラムなので、政府支出はごく限られたものだろうが、民間資金も集まっているようなので、一定の成果を上げるのではないかと期待されている。もちろん黒人大統領としては不十分なものであろうが、就任以来、アメリカの大統領としては特定の人種・民族に重点を置いた政策を取りにくかったが、二期目ではその自己規制も緩んでいるようなので、黒人大統領としての一面が出てくるかもしれない。

マイノリティ男性の救済策の必要性

黒人とヒスパニックの男性が特別扱いされるには、それなりの理由がある。「マイ・ブラザー・キーパー」作業委員会の報告書にもあるように、アメリカは国としては発展をしているが、マイノリティの若者の置かれた状況はいっこうに改善がみられないとして、次の惨状を指摘する。①黒人の二五・八％、ヒスパニックの二三・二％は貧困状態であるが、白人は一一・六％にすぎない。②黒人の三分の二、ヒスパニックの三分の一は単親と暮らす。父親不在は子どもの退学率を高める。シングル・マザーに育てられた子どもは九〇％前後が退学する。③二〇一三年を通じて、黒人の若者（二〇〜二四歳）で雇用されていたのは半分であり、白人の若者は三分の二を超えていた。④一一年の殺人被害者の四三％が黒人男性で、白人男性はわずか六％である。黒人とヒスパニックの男性にとって、死亡原因のトップは殺害である。⑤一二年の数字では、黒人男性は白人男性に比べて刑務所に拘禁される割合は六倍も高い。ヒスパニックは二・五倍高い。

アメリカは政治・経済・軍事では世界の大国だが、なんと刑務所人口でも世界一である。世界の人口比は五％のアメリカだが、受刑者数では二五％である。先進民主主義国とはとても思えない。最新の報告によれば、刑務所人口は約二三〇万人であり、さらに仮釈放や保護観察など司法当局の管理下にある者は五〇〇万人とされる。これは民主主義にとっても重大で、受刑者とその他警察の保護・管理下にある者を合わせて五八五万人ものアメリカ市民が、その犯した犯罪のゆえに選挙で投票できないのだ。バージニア州とケンタッキー州のように、重罪の前科があると、刑期を終えても、生涯にわたって投票できないという厳しい規則を設けている州もある。先述したように、共和党へのマイノリティの支持を強化しようと努力しているランド・ポール上院議員は、非暴力の薬物犯罪を犯した人に限って、刑期終了後の投票権を認める法案を提出している。黒人有権者の八％弱が前科のために投票できないからだ（非黒人は一・八％）。

投票制限を受けているのは前科者だけではない。南部の州はかつて黒人の投票権を奪ったり、妨害していたため、一九六五年投票権法によって選挙関連の法律改正には司法省の許可が必要だったが、二〇一三年の最高裁判決でその制限がなくなった。これまでも、投票所では写真付きの身分証明書の提示を義務付ける州がいくつかあったが、今後はますます増えそうだ。これは、不正投票を防ぐためであり、一見差別ではないようにみえる。しかし、貧しいマイノリティは、たとえば運転免許証やパスポートをもっていない人が多いし、州が発行する写真付き身分証明書をつくるには費用がかかるなどの事情があり、結果として民主党の支持者の多い一部のマイノリティが投票できなくなる。また、不在者投票の場合も、証明書のコピー同封を求められることが多い。共和党知事の州では、このほかにマイノリティの多い地域の投票所数を減らしたり、期日前投票の期間を短くしている。また以前なら学生証が身分証明書として通用していたのに、学生は民主党支持者が多いので、これを制限した州まである。そもそも不正投票などはごくわずかしか発生していないという。こうした新たな投票妨害を阻止するための法案も提出されている。

次に紹介する数字は、黒人の公民権運動団体である全国黒人地位向上協会（ＮＡＡＣＰ）がまとめたもので、刑務所人口で黒人の割合があまりにも多く、政治・経済・社会にも多大な影響を与えている。総受刑者のうち黒人の割合は四〇％であり、人口比一三％を考えると、いかに受刑者が多いかがわかる（ヒスパニックは二一％）。一〇〇万人近い黒人が塀の中で自由を拘束された状態にある。

黒人受刑者が多い原因の一つが薬物犯罪である。約一四〇〇万人の白人、二六〇万人の黒人が違法な薬物を使用している。違法な薬物を使用する白人は黒人より五倍以上も多いが、逮捕されて刑務所送りになるのは黒人のほうが白人より一〇倍も多いとされる。大量の黒人が刑務所に拘禁されている状態は、現代の黒人差別の象徴として議論されている。薬物に関する厳罰については改正されつつあるが、黒人にとっては、父親のいない子どもを大量に生むことになるばかりか、刑期を終えても社会復帰が難しく、失業のすえまた刑務所に戻る原因でもある。また、投票権も制限されるので、政治的にも問題をはらんでいる。マイ・ブラザー・キーパーが貧困地域で活動を活発化するにつれ、マイノリティの青少年、若者が警察のお世話にならなくなることが期待される。レイシャル・プロファイリング、つまり特定人種を対象にした警察の過剰な取り締まりの法的是正も必要である。

黒人を貶める表現はいまだに数多くあるが、差別だか事実だか判断に迷う常套句がある。それは「黒人男性は大学より刑務所に多くいる」というものだ。これをみると、黒人の将来が絶望的になってしまう。これは、かなりインテリの黒人でも自虐的に使っている句である。たとえば、オバマが最初の大統領選挙中に全国黒人地位向上協会の集会で黒人の窮状を訴えた時に使って、会場から大きな拍手さえ起こっている。つまり、それだけ深刻な問題で、解決が急がれている問題だという意識が黒人の間に強くあると考えてよいのだ。しかし、これは間違った統計資料が使われていたことが、最近になって判明した。二〇〇二年に司法政策研究所が発表したところによると、二〇〇〇年現在で刑務所にいる黒人男性は七九万一六〇〇人であるのに対して、大学に在籍する者は六〇万三〇三二人であった。この数字にメディアが飛びつき、いろいろな立場で報道されるようになった。ところが、この数字に疑問をもった黒人研究者が数字の根拠を調べたところ、黒人学生が在籍していると報告していた大学数が十分ではなく、黒人大学でさえ回答していないところがあった。当時回答した大学数は三〇〇〇校だが、現在では大学は四七〇〇校もあるという。二〇〇九年の数字で、大学生が受刑者よりも六〇万人多いという結果が出ている。黒人男性の多くが刑務所に入っていることは間違いないのだが、黒人男性を貶める悪しき神話の一つが誤りであることがわかったのはよかった。とはいえ、悪しき神話がまだどこかで使われ続けている。

若者への期待

オバマは教育をきわめて重視している。国民のすべてが大学を卒業して専門知識を習得し、世界をリードする経済力をもつことを念願している。今回のマイノリティ男性への取り組みも、貧困にあっても努力して大学卒の資格を得て、社会の主流に入ってくれることを心の底では考えているはずだ。それだけに、オバマは学生に対しては、差別に負けず自己責任を強くもつことをつねづね主張している。見方によっては、まるで保守派の黒人のように、社会に不満を訴えずに自分が努力して差別に耐えろ、という風にも受け取れるのだ。たとえば、二〇一三年のモアハウス大学（ジョージア州アトランタの有名な黒人男子のエリート大学）での卒業記念講演でも、自己責任が強調された。「集団的責任とともに個人の責任がある。黒人の男性だからこそ何かやらなくてはならないことがある。モアハウスの卒業生としては、社会の取り残された人々に何かをする義務を負っている。君たちは大卒の資格よりも力強い何かをもっているので、それを活用してほしい。社会の悪、苦しみ、不正に対して敏感になり、それらを是正する責任を積極的にもってほしい」。そして、こうも述べている。社会の差別がなくなったわけではないが、言い訳している時間はもうない。世界が超競争社会に突入しており、中国、インド、ブラジルの若者が君たちの競争相手となって世界的規模で労働市場に入ってきている。彼らは君たちよりずっと条件の悪いところからスタートしている。君たちが差別を受けたとしても誰も気にかけてくれないだろう——。グローバル経済のもとでは国内の差別など問題にならないよ、と冷たい言葉を黒人のエリート学生に吐いているようにもみえる。と同時に、ブラザー・キーパーとなって、黒人の青少年の模範となることを求めている。

先述した黒人保守派のブッカー・T・ワシントンの母校、ハンプトン師範学校が前身のハンプトン大学でも二〇一〇年に卒業記念講演をしたさい、黒人コミュニティでの模範かつメンター（助言者）になる責任をもつよう求めた。そして、国の義務として、高度の知識を必要とする経済社会で競争できる人材の育成を唱え、かつては高卒で中流社会の入場券を得ることができたが、今日では最低でも大卒資格が必要だと訴えた。オバマの頭の中では、高度のＩＴ社会で働ける質の高い労働をアメリカ人にまかせ、単純労働を移民にまかせようという気持ちがあるようだ。また、強い国アメリカを前面に出す保守派大統領のようなオバマの言説はあまり記憶にないのだが、一四年のアメリカ陸軍士官学校（ウエスト・ポイント）での卒業講演は、これまでとは違っていた。アメリカの力と正義をより強調したのだ。そのうえ、「アメリカ例外論を全身全霊で信じている」と、あまりにも強く明言したのには驚いた。アメリカ例外論は建国期からアメリカが広く信じてきた信条で、選民思想が強く表れた保守思想でもある。オバマは一三年の国連演説で「アメリカが特別な国であると信じる」と婉曲的な表現を使った。〇九年には、アメリカ例外論は信じるが、それは他の国も自国が例外的な国と思うのと同じだと述べて、本来の意味からはずれていた。世界の警察官であることを否定したオバマなので、本来ならアメリカ例外論はあてはまらないはずである。アメリカの力が国際的に弱体化したといわれていることへの反論をしたのだろう。しかし、オバマの学生に対する教育者的なコメントとして、「国を防衛するだけでなく、正しい正義にかなったことを実行すること」と述べている。

強権を使って任期最後の仕上げ

アメリカ初の黒人大統領として世界中の注目を集めて登場したオバマ大統領。大恐慌といえるほどの経済不況をなんとか乗り越えつつ、歴代の大統領の多くが試みた医療保険制度改革になんとか成功した。他の先進国に比べれば、まだまだ不十分で欠陥だらけであるが、民間の医療保険に国民の加入を義務付けることができた。民主党が上下両院で多数議席を有していた一期目の二年目なので、共和党の協力がいっさいなくても可決は可能だった。景気回復策でも同じで、共和党は数人の例外を除いて、民主党法案にいっさい賛成しなかった。三年目から共和党が下院の多数議席を握ってからは、議会はほとんど膠着状態が続いている。両党の政策やイデオロギーに違いがあるのは当然だが、国民のために必要な問題では双方が歩み寄るのが民主主義政治のはずだが、共和党はがんとして妥協を拒んできた。オバマが、自分が黒人であることを好まない人がいる、と発言せざるをえないような状況がある。

再選に成功したオバマは、議会の協力を得られないなら、大統領権限を最大限に利用して、できるだけのことを実行しようと決心したに違いない。それまでも、オバマは議会の意向を無視して横暴に大統領権限を行使している、憲法違反だ、などという批判が反対党からはあった。合衆国憲法の第二条一節八項はこう記している。「大統領はその職務の遂行に先立って、次の宣誓あるいは確約をしなければならない。「私は合衆国大統領の職務を忠実に遂行し、全力を尽くして合衆国憲法を維持、保護、擁護することを厳粛に誓います（確約します）」」と。反オバマ派は、大統領が議会の意向を無視し、権限を乱用して「職務を忠実に遂行」していないと批判する。黒人保守派や議会の共和党保守派からは、オバマは弾劾に値するという極端な主張まで聞かれるようになっていた。オバマとしては初の黒人大統領として歴史に名を残す業績を残さなくてはならない。二期目の最大の課題は、一二〇〇万人の不法移民をどうするかだ。上院では超党派で法案が可決しているが、下院はまったく動かない。共和党が本当にマイノリティへの支持拡大を願っているなら、移民法改正は避けて通れないはずだ。しかし、オバマの業績になるような政策には意地でも協力しないといわんばかりに、無視を続けている。

オバマも奥の手を使わざるをえない。二〇一四年一般教書の発表のさいに、議会と協力していきたいが、それができないのなら「ペンと電話」で対抗すると宣言したのだ。ペンは大統領行政命令に署名すること、つまり議会の承認が必要ない行政措置のことだという。大統領行政命令は正規の法律で、連邦官報に掲載されるものだ。電話という言葉は、人々を説得する道具として使ったようで、企業や財団などに資金や人的資源を含めて協力を得て、政策を進めようというものだ。マイ・ブラザー・キーパーがその典型ではないかと思う。またオバマは、連邦政府と事業契約している企業や団体に対して、最低賃金（時給）を一〇ドル一〇セント（現行七ドル二五セント）に上げるよう求める大統領行政命令を出した。貧富の格差が拡大している時代にあっては、最低賃金で働いているすべての労働者に最賃値上げは必要だが、弱者に冷たい共和党が協力しないので、議会での法律はとても成立しない。

オバマは大統領行政命令と並行して「大統領行政行動」（エグゼクティブ・アクション）という新しい行政措置を取るようになった。大統領行政命令（エグゼクティブ・オーダー）と異なり、これには法的な拘束力はなく、簡単な規則の変更とか通達などのようだ。近代の大統領ではオバマが初めてこの用語を使用したという。このように、オバマは大統領権限を拡大して、議会を軽視していることから、共和党のベイナー下院議長は、二〇一四年六月になって、われわれは君主や王を選んだわけではないとして、オバマの権力乱用を非難するとともに、下院として大統領を相手に裁判を起こす法案を検討していることを公にした。そして、翌月には二二五対二〇一で可決した。オバマケアで雇用主の加入を義務付ける猶予期間の延長、不法移民の子弟の強制送還の延期などを、オバマが勝手に行った行為の違法性を問題にしている。ベイナーは、これは弾劾につながるものではないと断っているが、異常事態であることに間違いはない。共和党の保守強硬派のなかには、弾劾を唱える者も出てきた。訴訟には多数の弁護士を雇うなど莫大な支出が予想される。税金の無駄遣いという強い批判が起っている。

オバマが大統領権限を乱用しているわけではない。たとえば、大統領行政命令の署名回数をみると、一期目でオバマは一六八件だが、ブッシュは一七三件、クリントン二〇〇件、レーガン二一三件と比べれば、むしろ控え目である。政権誕生直後からオバマを無視し続けている共和党からみれば、オバマがどうしても横暴な君主のような存在に思えるのだろう。オバマにしても、再選の重圧から解放されて、やれるだけのことは自力でやろうと腹を決めたのだろう。二期目のオバマにとって最重要課題である移民法改正は、一四年中間選挙で大番狂わせが起こって、上下両院で民主党が多数派にならない限りは絶望的といわれている。それほど、共和党はオバマに協力したくないのである。一部のアメリカ人がオバマをアメリカ生まれではないので「アメリカ合衆国大統領」と認めないのであるから、オバマとしては当初の意に反して「黒人大統領」として、最後の仕上げに着手する可能性を排除できないような気がする。

議会と鋭く対立して政治が前に進まないこともあってか、オバマの支持率は〇四年六月には四〇%を切った。それに加えて、同七月には戦後最悪の大統領という評価を受けてしまった。キニピアック大学世論調査によると、回答者の三三%がオバマを最悪とし、三五%がレーガンに最高の評価を与えている。救いとなるのは、オバマはクリントン、ケネディに次ぎ四番目(八%)の高い評価も受けていることだ。

ともあれ、経済格差の拡大は危機的なレベルまで進行しているので、キング牧師が最後にゼネストのような形で格差是正を求めて世間を驚かせたように、オバマもこれまでにない大改革の提案が必要だ。加えて、特別な議会演説の機会を求めて、マイノリティへの差別が経済格差でますます広がっている現状を訴えることも必要だろう。これは単なるマイノリティへのばらまきではなく、これまでの持論である、彼らに努力を誘導する要素がなくてはならない。そして、ブラザーだけではなくシスターへの支援を全国的に展開するのだ。人種を超えて若者の支持が高い大統領だけに、彼らに夢を与える枠組みを構築できるはずである。

国論を二分するファーガソン黒人射殺事件

マイ・ブラザー・キーパーの必要性を強く感じさせる事件が起こっている。二〇一四年八月にミズーリ州セントルイス郊外のファーガソンで起こった、白人警官による黒人少年マイケル・ブラウン（一八歳）の射殺事件で、アメリカの人種問題の複雑さが改めて示された。黒人住民が連日デモを街頭で繰り返し、火炎瓶が投げられ、商店の略奪も起こっている。これを催涙弾やゴム弾で鎮圧しようとする白人の警察隊は、軍服に軍用車両で応戦しており、見た目は軍隊と変わらない。保守派とリベラル派の事件の見方はこれまでとそれほど変わらない。白人警官が武器をもたない黒人を射殺する。事故の詳細がわからず、また裁判が開かれる前から、おおよそ次のような議論が展開されるのが普通である。若い黒人男性の挙動不審を目撃すると、白人警官の人種差別意識が簡単に銃の引き金を引かせてしまう。ある意味でこれは人種差別事件、公民権法違反事件である、という主張が黒人や白人リベラル派から出される。黒人を含む保守派は、警察官は正当な職務を執行しただけで、人種差別とは関係ない。真実は裁判で明らかになるという。今回の事件で黒人少年が六発も銃弾を受けていることがわかると、黒人の怒りはますます増大した。

この事件に対して、黒人保守派の理論家ソーウェルが一文を書いているが、その見解は極めて歯切れが悪い。ソーウェルによると、目撃談には二種類あり、一つは黒人少年が車道を歩いているのをパトカーに乗った白人警官に注意されたことから口論になり、青年が警官に向かっていったので、警官は銃を発射したというもの。少年は身長一九〇センチを超え、体重は一一二キロという巨漢であるので、これを止めるには発砲しかないと警官は判断したのだろう。武器をもっていないかどうかは、銃を発射する時点ではわからないので、問題にすべきではないという。もう一つの目撃談では、抵抗を止めて両手をあげているのに警官が発砲したという。この場合は、撃つ理由は何もない。いずれにせよ、事件の真相は法廷で明らかにすべきである、というのがソーウェルの意見である。

最も黒人保守派らしいコメントをしているのが、『ウォール・ストリート・ジャーナル』紙のジェイソン・ライリーである。なにしろこの記者は、『お願いだから、われわれを助けるのを止めてほしい』（未邦訳）という新著を出したことで注目を集めていた。黒人は自分たちだけで生活を立て直すことができる、という自信を示す保守に典型的な意見である。ライリー曰く、マスコミは白人警官による黒人射殺を大々的に取り上げているが、もっと深刻な事件は、黒人の若者が黒人を銃で殺害していることである。デトロイトやニューヨークで日夜起こっているのに、なぜそれを取り上げて問題視しないのかという。白人から大きな拍手が起こりそうなコメントである。

黒人公民権運動の指導者の一人である前出のジェシー・ジャクソン師は、保守的なテレビ放送FOXニュースの番組で、黒人の射殺を「国家による処刑だ」と一刀両断している。ミズーリ州ファーガソンの警察官は国家権力と同じとみなしている。この発言に対して、キャスターが「二人は口論して黒人少年は警官の顔を殴ったという目撃証言もありますが、それでも処刑という判決を下すのでしょうか」と問い質す。するとジャクソンは、「警察は裁判官、陪審員、死刑執行人の役割を果たしたのだ」と反論する。極論のように思えるが、黒人が長年警察に対して抱いてきた反感の気持ちをよく表しているようだ。ファーガソンには五三人の警察官がいるが、黒人は三人だけである。市議会でも六人のうち黒人は一人である。住民の七割近くが黒人というコミュニティで、このような不自然の状態が続いてきたのだから、ちょっとしたことから人種対立の炎が燃え盛るのも避けられないのだろう。

オバマ大統領は、黒人少年と警官に直接ふれるようなコメントは避け、「多くのコミュニティであまりにも多数の有色人の若者が取り残され、恐怖の対象になっている」ことを嘆いた。そして、抗議行動のデモ隊の「ごく一部の参加者が警察への怒りを利用して商店を略奪している」ことを批判した。同時に、警察に対しても、「ごく一部の警官が正当な抗議活動に暴力を行使している」と批判した。かつて、黒人に同情してマスコミの批判を受けた過ちは繰り返さなかった。黒人住民の怒りはよく理解しているが、かといって銃をもちだして警察を攻撃したり、略奪するのは、事態のいっそうの混乱を招くだけだ、と理性的になるよう黒人に訴えた。さらに、オバマはこの事件には司法長官を派遣し、連邦政府としても捜査をする旨、住民に約束した。マイノリティの若者を巻き込んだ事件が起こるたびに、マイ・ブラザー・キーパーのプログラムがいかに必要かを認識させられる。

ところで、白人リベラル派の代表の一人である前国務長官のヒラリー・クリントンはどう考えているのだろうか。しばらく沈黙していたが、八月末の講演で大胆な意見を吐露した。「アメリカの司法制度に長年存在する不平等を無視することはできない」と断言し、取り締まり当局が黒人を不当に厳しく扱っていることを批判した。次の大統領選挙では、民主党の最有力候補とみなされているクリントンは、それなりの計算があっての発言だっただろう。共和党員としては珍しい黒人擁護の意見を述べてきたランド・ポール上院議員も、クリントンと同じように不平等を批判している。ファーガソンをめぐる民主党と共和党の一般支持者の意見は大きく異なっている。人種問題をめぐる国論二分の典型である。ピュー・リサーチ・センターの世論調査によると、ファーガソン事件が重要な人種問題を提起していることを認める共和党支持者はわずか二二%であり、人種が強調されすぎているとする人が六一%にものぼる。これに対して、民主党の支持者はこれと真逆の考えを示し、人種問題とする人は六八%、人種が強調され過ぎるとする人は二一%である。これだけ意見の違いが大きいと、両者の話し合いは望めそうにないという懸念をもってしまう。さらに、CBS／ニューヨーク・タイムズの世論調査をみても、黒人の六割近くが、白人警官ダーレン・ウイルソンの発砲・射殺は正当化できないとする。ところが、白人についてみると、七割近くが十分な情報がないので答えられないという。また、黒人の六割が事件の捜査が公正に行われないと信じているのに対して、白人は同じく六割が公正な捜査が行われると信じていると答えている。この点でも両者の歩み寄りは難しい。

おわりに

アメリカの黒人保守派を中心にして共和党とオバマの民主党とを対比して、アメリカの将来像を描きたかった。人種的にますます多様化してきたアメリカには、脱人種という見方が出ているが、マイノリティ問題は依然として深刻である。なかなか進展が見られないからだ。そこで、これまでとは違った視点で黒人問題を考えてみた。

黒人保守派の元祖ともいうべきブッカー・T・ワシントンが、人種差別主義を当然と思っていた南部の白人からの黒人憎悪をものともせずに、時の大統領や富豪たちと親交をもちながら解放奴隷の黒人の教育にある程度成功した。この成功やその後の黒人保守派の言動から、「黒人のための大統領ではない」と自らを律しているオバマが、共和党の人種差別的な議会における反オバマ行動に対抗する方法はないかとも考えてみた。

自助・自立、道徳、教育などの重視という点では、ワシントンとオバマに大きな違いはない。「神は（天は）自らを助ける者を助ける」（聖書の言葉ではなく、ベンジャミン・フランクリン［一八世紀アメリカの政治家・科学者・哲学者］で有名になった諺）は、保守派がよく引用する言葉だが、黒人に関してはオバマにも異論はないだろう。時には、伝統的な公民権運動指導者とは相容れない考えをもつオバマだけに、リベラルな大統領といえども、保守派元祖のワシントンとの共通点がありうるのだ。ワシントンの「その場にバケツを下ろせ」という有名な言葉がある。難破した船が近くを通りかかった船に何度も通信で水を求めたところ、「その場にバケツを下ろせ」という返事だけが返ってくる。そこで海にバケツを下ろしてみると、真水が入っていた。そこは海ではなくアマゾンの河口だったのに気が付かなかったのだ。つまり、ワシントンは身の周りにある物や人に注意を向けて活用することをたとえ話にしたようだ[43]。足元を見よ、という意味にも取れるし、白人とも仲良くせよという含みがあるようにも思える。オバマは人種、イデオロギー、宗教などを超えて一つのアメリカ合衆国を目指したが、少なくとも議会の共和党は、その考えを拒否し続けてきた。

黒人大統領が誕生してから、連邦議会は史上最悪といわれるほど、立法活動が停滞している。両党の対立がこれまでになく深まり、動きが取れなくなっているからだ。この膠着状態は誰の利益にもならない。アメリカの国際的信頼性が浸食されつつある原因にさえなっている。

ここ数代の共和党大統領を振り返ってみると、レーガンの後を継いで一九八九年に大統領に就任したジョージ・H・W・ブッシュ（ブッシュ前大統領の父）は社会政策に関して、レーガンが貧困層に冷たかったことを反省して「より優しい、より親切な（ジェントラー・アンド・カインダー）国」を目指すことを公約にした。次いで二〇〇一年から大統領に就任した息子のジョージ・W・ブッシュも、父親にならって貧困層対策として「思いやりのある（コンパッショネイト）

保守主義」を唱えた。残念ながら、九・一一同時多発テロの発生で十分な施策はできなかった。このアイデアを提供したアドバイザーのマービン・オラスキーは、著書『思いやりのある保守主義』(未邦訳)でオバマがすぐ利用できそうな考えを述べている。「思いやりのある保守主義は単に、貧しい人にハンモックになってしまうようなセイフティ・ネット(安全網)を提供するのではない。トランポリンとして利用するセイフティ・ネットを提供するのだ[44]」と。手助けしてやるから自分で立ち上がれ、ということだろう。まさに保守派による社会政策の神髄である。トランポリンとハンモックの例えは福祉でよく使われる表現で、実に言い得て妙である。オバマは二〇一三年にブッシュ(父)を表彰している。「あなたのおかげで、アメリカはより優しい、より親切な国になっています。感謝しても感謝しきれません」と。

ブッシュ(子)の「思いやり」も、共和党大統領候補を目指す人たちのなかで見直されている。この言葉は、聖書では「あわれみ」と訳されており、重要な概念である。神のあわれみは罪のある人間に対する救いの行為の源泉といわれており、語感として「思いやり」よりずっと重い。語源的には、苦しみをともにする意味があるそうだ。福祉予算に大ナタを振るってきた共和党が、ロムニー候補の大敗にこりて、二〇一六年大統領選挙では貧困層の支持を狙って発想の転換を図ろうとしている。マイノリティへのアウトリーチによる学習効果が出てきたようだ。ここで黒人共和党員、つまり黒人保守派による民主党一辺倒の同じ黒人へのアプローチが有効な手段になるはずだが、民主党支持の黒人は彼らをアンクル・トムとして軽蔑し、相手にしない。

しかし、オバマの始めたマイノリティの男性の犯罪予防や職業訓練などを目指した「マイ・ブラザー・キーパー」に期待がもてるような気がする。イデオロギーを超えて「思いやりのある」社会づくりに向かうことを期待したい。

最後に、黒人保守派の考えに対する民主党支持の黒人の反論が十分に紹介できなかったが、別の機会にぜひ挑戦したいと考えている。また、二〇一四年中間選挙、二〇一六年大統領選挙については、本書の脱稿とのタイミングが合わず、ほとんど触れることができなかったことをお断りしておく。

二〇一四年九月

上坂　昇

注

1　ハリエット・ビーチャー・ストウ、小林憲二監訳『新訳　アンクル・トムの小屋』（明石書店、一九九八年）五二二頁。
2　マリオ・クオモ／ハロルド・ホルザー編著、高橋早苗訳『リンカン民主主義論集』（角川選書、一九九二年）二五三頁。
3　同右、一五四頁。
4　W・Z・フォスター、貫名美隆訳『黒人の歴史――アメリカ史のなかのニグロ人民』（大月書店、一九七〇年）二七二頁。
5　ドリス・カーンズ・グッドウィン、平岡緑訳『リンカン下』（中央公論新社、二〇一一年）四一七頁。
6　B・T・ワシントン、稲澤秀夫訳『奴隷より立ち上りて』（中央大学出版部、一九七八年）一九六頁。
7　同右、一九九頁。
8　川島正樹「「アトランタ妥協」の再検討――タスキーギ校をめぐるブッカー・T・ワシントン

の黒人「自助」の展開」『西洋史学』(一九八九年、通巻一五四) 一六頁。
9 ワシントン『奴隷より立ち上りて』一七〇頁。
10 Ward Connerly, *Creating Equal: My Fight Against Race Preferences*, (Encounter Books, 2000).
11 同右、p. 154.
12 賀川真理『カリフォルニア政治と「マイノリティ」——住民提案に見られる多民族社会の現状』(不磨書房、二〇〇五年) 一七二〜一七四頁。
13 シェルビー・スティール、李隆訳、石川好解説『黒い憂鬱——90年代アメリカの新しい人種関係』(五月書房、一九九四年) 一〇一〜一〇二頁。
14 シェルビー・スティール、藤永康政訳『白い罪——公民権運動はなぜ敗北したか』(径書房、二〇一一年) 二〇五〜二〇六頁。
15 スティール『黒い憂鬱』一五七頁。
16 スティール『白い罪』八四頁。
17 シェルビー・スティール、松本剛史訳『オバマの孤独——A BOUND MAN』(青志社、二〇〇八年) 一〇七頁。
18 スティール『白い罪』一九〇頁。
19 同右、一九三頁。
20 スティール『オバマの孤独』一六七〜一六八頁。
21 同右、一八二頁。
22 Thomas Sowell, *The Vision of the Anointed* (Basic Books, 1995) p.57.
23 Thomas Sowell, *Race and Culture: A World View* (Basic Books, 1994) pp.161-166.

24 Richard J. Herrnstein, Charles Murray, *The Bell Curve: Intelligence and Class Structure in American Life,* (The Free Press, 1994).

25 ダニエル・J・ケヴルズ、西俣総平訳『優生学の名のもとに――「人種改良」の悪夢の百年』(朝日新聞出版、一九九三年)四五八頁。

26 Matthew Rees, *From The Deck to the Sea: Blacks and the Republican Party* (Longwood Academic, 1991) pp. 121-125.

27 同右、pp. 151-152.

28 Michael K. Fauntroy, *Republicans and the Black Vote* (Lynne Rinner Publishers, 2007) p.46.

29 クレイボーン・カーソン編、梶原寿訳『マーティン・ルーサー・キング自伝』(日本基督教団出版局、二〇〇一年)一八〇頁。

30 上坂昇『キング牧師とマルコムX』(講談社現代新書、一九九四年)一九四～一九五頁。

31 マーティン・ルーサー・キング、中島和子／古川博巳訳『黒人はなぜ待てないか』(みすず書房、一九九三年、新装版)一七〇～一七一頁。

32 Wayne Perryman, *Whites, Blacks & Racist Democrats: The Untold History of Race & Politics within the Democratic Party from 1792-2009* (Book Publishers Network, 2010) p.103.

33 キング『黒人はなぜ待てないか』一七四～一七六頁。

34 J. C. Watts, Jr., *What Color Is A Conservative?: My Life and My Politics* (Harper Collins Publishers, 2002) p. 186.

35 同右、二〇六頁。

36 ジャッキー・ロビンソン、宮川毅訳『ジャッキー・ロビンソン自伝――黒人初の大リーガー』(ベースボール・マガジン社、一九七四年)二〇三頁。

37 コリン・パウエル＋ジョゼフ・E・パーシコ、鈴木主悦訳『マイ・アメリカン・ジャーニー［コリン・パウエル自伝］少年・軍人時代編』（角川文庫、二〇〇一年）三七～三八頁。
38 同右、四三頁。
39 コリン・パウエル／トニー・コルツ、井口耕二訳『リーダーを目指す人の心得』（飛鳥新社、二〇一二年）三二頁。
40 コンドリーザ・ライス、中井京子訳『コンドリーザ・ライス自伝――素晴らしいありふれた家族の物語』（二〇一二年、扶桑社）一九六頁。
41 同右、一九六～一九七頁。
42 コンドリーザ・ライス、福井昌子他訳『ライス回顧録――ホワイトハウス　激動の２９２０日』（集英社、二〇一三年）六六三頁。
43 ワシントン『奴隷より立ち上りて』一九四頁。
44 Marvin Olasky, *Compassionate Conservatism* (The Free Press, 2000) p.19.

◉主要参考文献リスト

【和書】

ハリエット・ビーチャー・ストウ、小林憲二監訳『新訳 アンクル・トムの小屋』明石書店、一九九八年。

フランク・J・ウェブ、進藤鈴子訳『ゲーリー家の人々――アメリカ奴隷制下の自由黒人』彩流社、二〇一〇年。

滝野哲郎『農園主と奴隷のアメリカ』世界思想社、二〇〇四年。

フレデリック・ダグラス、岡田誠一訳『数奇なる奴隷の半生――フレデリック・ダグラス自伝』法政大学出版局、二〇〇九年。

本田創造『私は黒人奴隷だった――フレデリック・ダグラスの物語』岩波ジュニア新書、一九八七年。

ドリス・カーンズ・グッドウィン、平岡緑訳『リンカン 上』『リンカン 下』中央公論新社、二〇一一年。

マリオ・クオモ／ハロルド・ホルザー編著、高橋早苗訳『リンカン民主主義論集』角川書店、一九九二年。

B・T・ワシントン、稲澤秀夫訳『奴隷より立ち上りて』中央大学出版部、一九七八年。

ブッカー・T・ワシントン、鍋島能弘訳『黒い地帯から』新鋭社、一九五七年。

リチャード・リシャー、梶原壽訳『説教者キング――アメリカを動かした言葉』日本キリスト教団出版局、二〇一二年。

マーチン・ルーサー・キング、中島和子／古川博巳訳『黒人はなぜ待てないか』みすず書房、一九九三年。

クレイ－ボーン・カーソン編、梶原寿訳『マーティン・ルーサー・キング自伝』日本基督教団出版局、二〇〇一年。

上坂昇『キング牧師とマルコムX』講談社現代新書、一九九四年。

――『増補　アメリカ黒人のジレンマ――「逆差別」という新しい人種関係』明石書店、一九九二年。

――『オバマの誤算――「チェンジ」は成功したか』角川 one テーマ21新書、二〇一〇年。

ジョン・ホープ・フランクリン／オーガスト・マイヤー、大類久恵／落合明子訳『20世紀のアメリカ黒人指導者』明石書店、二〇〇五年。

R・ナッシュ／G・グレイヴズ、足立康訳『人物アメリカ史 上』講談社学術文庫、二〇〇七年。

ジョン・ホープ・フランクリン、井出義光他訳『アメリカ黒人の歴史――奴隷から自由へ』研究社出版、一九八三年。

W・Z・フォスター、貴名美隆訳『黒人の歴史――アメリカ史のなかのニグロ人民』大月書店、一九九一年。

賀川真理『カリフォルニア政治と「マイノリティ」――住民提案に見られる多民族社会の現状』不磨書房、二〇〇五年。

シェルビー・スティール、李隆訳／石川好解説『黒い憂鬱――90年代アメリカの新しい人種関係』五月書房、一九九四年。

――、藤永康政訳『白い罪――公民権運動はなぜ敗北したか』径書房、二〇一一年。

――、松本剛史訳『オバマの孤独――A BOUND MAN』青志社、二〇〇八年。

久保文明他編著『マイノリティが変えるアメリカ政治――多民族社会の現状と将来』NTT出版、二〇一二年。

ダニエル・J・ケヴルズ、西俣総平訳『優生学の名のもとに――「人類改良」の悪夢の百年』朝日新聞出版、一九九三年。

ジャッキー・ロビンソン、宮川毅訳『ジャッキー・ロビンソン自伝――黒人初の大リーガー』ベースボール・マガジン社、一九七四年。

コリン・パウエル＋ジョゼフ・E・パーシコ、鈴木主税訳『マイ・アメリカン・ジャーニー［コリン・パウエル自伝］少年・軍人時代編』角川文庫、二〇〇一年。

――／トニー・コルツ、井口耕二訳『リーダーを目指す人の心得』飛鳥新社、二〇一二年。

コンドリーザ・ライス、中井京子訳『コンドリーザ・ライス自伝――素晴らしいありふれた家族の物語』扶桑社、二〇一二年。

――、福井昌子他訳『ライス回顧録――ホワイトハウス　激動の2920日』集英社、二〇一三年。

アイン・ランド、脇坂あゆみ訳『肩をすくめるアトラス』ビジネス社、二〇〇四年。

上杉忍『アメリカ黒人の歴史――奴隷貿易からオバマ大統領まで』中公新書、二〇一三年。

ネル・アーヴィン・ペインター、越智道雄訳『白人の歴史』東洋書林、二〇一一年。

アンドリュー・ハッカー、上坂昇訳『アメリカの二つの国民――断絶する黒人と白人』明石書店、一九九四年。

アダルベルト・アギーレ・ジュニア／ジョナサン・H・ターナー、神田外語大学アメリカ研究会訳『アメリカのエスニシティ――人種的融和を目指す多民族国家』明石書店、二〇一三年。

【英語書籍】

Ward Connerly, *Creating Equal: My Fight Against Race Preferences*, Encounter Books, 2002.

Thomas Sowell, *The Vision of the Anointed*, Basic Books, 1995.

———, *Marxism: Philosophy and Economics*, Quill, William Morrow, 1985.

———, *Race and Culture: A World View*, Basic Books, 1994.

Richard J. Herrnstein, Charles Murray, *The Bell Curve: Intelligence and Class Structure in American Life*, Free Press, 1994.

Matthew Rees, *From the Deck to the Sea: Blacks and the Republican Party*, Longwood Academic, 1991.

Wayne Perryman, *Whites, Blacks & Racist Democrats: The Untold History of Race & Politics within the Democratic Party from 1792-2009*, Book Publishers Network, 2010.

J.C.Watts, Jr., *What Color Is A Conservative?: My Life and My Politics,* Harper Collins Publishers, 2002.

Marvin Olasky, *Compassionate Conservatism,* The Free Press, 2000.

Michael L. Ondaatje, *Black Conservative Intellectuals in Modern America*, University of Pennsylvania Press, 2010.

Michael K. Fauntroy, *Republicans and the Black Vote*, Lynne Rienner Publishers, 2007.

Lloyd Marcus, *Confessions of a Black Conservative: How the Left Has Shattered the Dreams of Martin Luther King, Jr., and Black America*, Higher Standard Publishers, 2009.

Juan Williams, *Enough: The Phony Leaders, Dead-End Movements, and Culture of Failure that Are Undermining Black*

America — and What We Can Do About It, Crown Publishers, 2006.

【インターネット・ウエブサイト】

White House　www.whitehouse.gov

The New York Times　www.nytimes.com

The Washington Post　www.washingtonpost.com

The Washington Times　www.wshingtontimes.com

POLITICO　www.politico.com

The Hill　thehill.com

The Huffington Post　www.huffingtonpost.com

The Root　www.theroot.com

Black America Web　blackamericaweb.com

News One　newsone.com

Color Lines　colorlines.com

Huffpost Blackvoice　www.huffingtonpost.com/black-voices

National Black Republican Association　www.nbra

The Frederick Douglass Foundation　tfdf.org

Frederick Douglass Family Initiatives　www.fdfi.org

Townhall　townhall.com

Joint Center for Political and Economic Studies　jointcenter.org

National Association for the Advancement of Colored People   www.naacp.org

GOP (Republican National Committee)   www.gop.com

Democrats (Democratic National Committee)   www.democrats.org

The Atlantic   www.theatlantic.com

The New Yorker   www.newyorker.com

Gallup   www.gallup.com

The Pew Research Center for the People and Press   people-press.org

Wikipedia   en.wikipedia.org

BlackDemographics.com   blackdemographics.com

【た行】

【な行】

【さ行】

索　引

◉著者紹介

上坂　昇（こうさか・のぼる）

1942年、東京生まれ。東京外国語大学卒業後、時事通信社、小学館、在日アメリカ大使館を経て、桜美林大学教授（アメリカ研究）。2013年から同大学名誉教授。

著書（単著）には、『現代アメリカの保守勢力――政治を動かす宗教右翼たち』（ヨルダン社、1984年）、『アメリカ黒人のジレンマ――「逆差別」という新しい人種関係』（明石書店、1987年、増補版1992年）、『アメリカの貧困と不平等』（明石書店、1993年）、『キング牧師とマルコムX』（講談社現代新書、1994年）、『神の国アメリカの論理――宗教右派によるイスラエル支援、中絶・同性結婚の否認』（明石書店、2008年）、『オバマの誤算――「チェンジ」は成功したか』（角川oneテーマ21新書、2010年）がある。

訳書には、アンドリュー・ハッカー『アメリカの二つの国民』（明石書店、1994年）、シーモア・M・リプセット『アメリカ例外論――日欧とも異質な超大国の論理とは』（明石書店、1999年、金重紘との共訳）、ティム・ワイズ『オバマを拒絶するアメリカ――レイシズム2.0にひそむ白人の差別意識』（明石書店、2010年）がある。

アメリカの黒人保守思想
――反オバマの黒人共和党勢力

2014年10月25日　初版第1刷発行

著　者　上　坂　　昇
発行者　石　井　昭　男
発行所　株式会社明石書店
〒101-0021 東京都千代田区外神田6-9-5
電話 03（5818）1171
FAX 03（5818）1174
振替　00100-7-24505
http://www.akashi.co.jp/
装丁／組版　明石書店デザイン室
印刷　株式会社文化カラー印刷
製本　本間製本株式会社

（定価はカバーに表示してあります）　ISBN978-4-7503-4091-3

神の国アメリカの論理

宗教右派によるイスラエル支援、中絶・同性結婚の否認

上坂 昇

四六判／上製／416頁 ◎2800円

世界最大の経済力、軍事力を持つアメリカ合衆国で、大統領選挙をはじめアメリカの政治決定に多大な影響力をもつ宗教勢力。とりわけ宗教保守層と呼ばれ、聖書の内容をすべて真実とし、極端な行動をとることもあるキリスト教原理主義者はどんな主張をもつのか。

内容構成

序章 アメリカ社会の宗教性 **Ⅰ部 宗教右派の熱烈なイスラエル支援** 1章 クリスチャン・シオニズムの高まり（宗教がからむイスラエル・パレスチナ紛争／イスラエルの存続とクリスチャンの義務 ほか） 2章 クリスチャン・シオニズムと宗教右派（シオニズムの背景と神の意志／クリスチャン・シオニズムの評価 ほか） **Ⅱ部 妊娠中絶をめぐる神学論争** 3章 政治問題としての妊娠中絶（最高裁の中絶合法化判決をめぐる対立／中絶権は守れるか ほか） 4章 聖書からみた妊娠中絶問題（聖書以前の生命観と中絶観／中絶に関する聖句 ほか） **Ⅲ部 神は同性愛を認めるか** 5章 同性結婚の禁止を目指す宗教右派（政治・社会問題となった同性愛／同性結婚を禁止する合衆国憲法修正） 6章 聖書と同性愛（同性愛を禁ずる聖句／同性愛反対派と擁護派の聖書解釈 ほか）

オバマを拒絶するアメリカ

レイシズム2・0にひそむ白人の差別意識

ティム・ワイズ著 上坂昇訳

四六／上製／248頁 ◎2400円

オバマの大統領就任を経て「人種を超えた」はずのアメリカで、白人はなおもレイシズムを抱え、オバマも目をつむっている。だがそれは、オバマ自身をふくむ黒人・有色人種の人間性を否定することを意味している。オバマ時代の「人種」を読み解くための必読書。

内容構成

はじめに
新種の人種差別／オバマ支持者は社会正義を求める運動を

Ⅰ オバマ、白人の拒否、人種差別の現状
オバマの勝利は何を意味するのか／人種差別は変わっていない／語られない白人の特権／黒人大統領を選んだ白人の心理

Ⅱ 真実を語る大胆な行為——白人の責任を追及する
オバマ勝利の危険なシナリオ／白人が取るべき個人的責任とは／白人は人種差別の被害を十分に理解すべき／白人は黒人との対話から正しい歴史を理解できる／白人による人種差別反対運動／白人はあらゆる人種差別に反対の声をあげるべき

訳者解説 人種差別の観点から見たオバマ大統領
反オバマのティー・パーティー運動／医療保険制度改革への反対／大統領は嘘つきという発言、善意の人種的発言／辞任したロット、許されたバイデンとクリントン／オバマ大統領の人種発言／黒人を特別扱いしないオバマ／「言い訳は無用」を黒人に強調／世論調査から見たアメリカ人の人種観

人種に関する世論調査の結果

〈価格は本体価格です〉

新時代アメリカ社会を知るための60章
エリア・スタディーズ119　明石紀雄監修　大類久恵、落合明子、赤尾千波編著　◉2000円

カリフォルニアからアメリカを知るための54章
エリア・スタディーズ103　越智道雄　◉2000円

ニューヨークからアメリカを知るための76章
エリア・スタディーズ102　越智道雄　◉2000円

大統領選からアメリカを知るための57章
エリア・スタディーズ97　越智道雄　◉2000円

アメリカのヒスパニック＝ラティーノ社会を知るための55章
エリア・スタディーズ52　大泉光一、牛島 万編著　◉2000円

アメリカの歴史を知るための62章【第2版】
エリア・スタディーズ10　富田虎男、鵜月裕典、佐藤 円編著　◉2000円

ハワイを知るための60章
エリア・スタディーズ114　山本真鳥、山田 亨編著　◉2000円

グアム・サイパン・マリアナ諸島を知るための54章
エリア・スタディーズ105　中山京子編著　◉2000円

現代カナダを知るための57章
エリア・スタディーズ83　飯野正子、竹中 豊編著　◉2000円

カナダを旅する37章
エリア・スタディーズ109　飯野正子、竹中 豊編著　◉2000円

キューバを知るための52章
エリア・スタディーズ24　後藤政子、樋口 聡編著　◉2000円

現代メキシコを知るための60章
エリア・スタディーズ91　国本伊代編著　◉2000円

ドミニカ共和国を知るための60章
エリア・スタディーズ122　国本伊代編著　◉2000円

グアテマラを知るための65章
エリア・スタディーズ61　桜井三枝子編著　◉2000円

ホンジュラスを知るための60章
エリア・スタディーズ127　桜井三枝子、中原篤史編著　◉2000円

エルサルバドルを知るための55章
エリア・スタディーズ80　細野昭雄、田中 高編著　◉2000円

〈価格は本体価格です〉